Das große Buch über

Zauberer, Hexen
und andere seltsame Wesen

Von John Patience

Das große Buch über

Zauberer, Hexen

und andere seltsame Wesen

Von John Patience

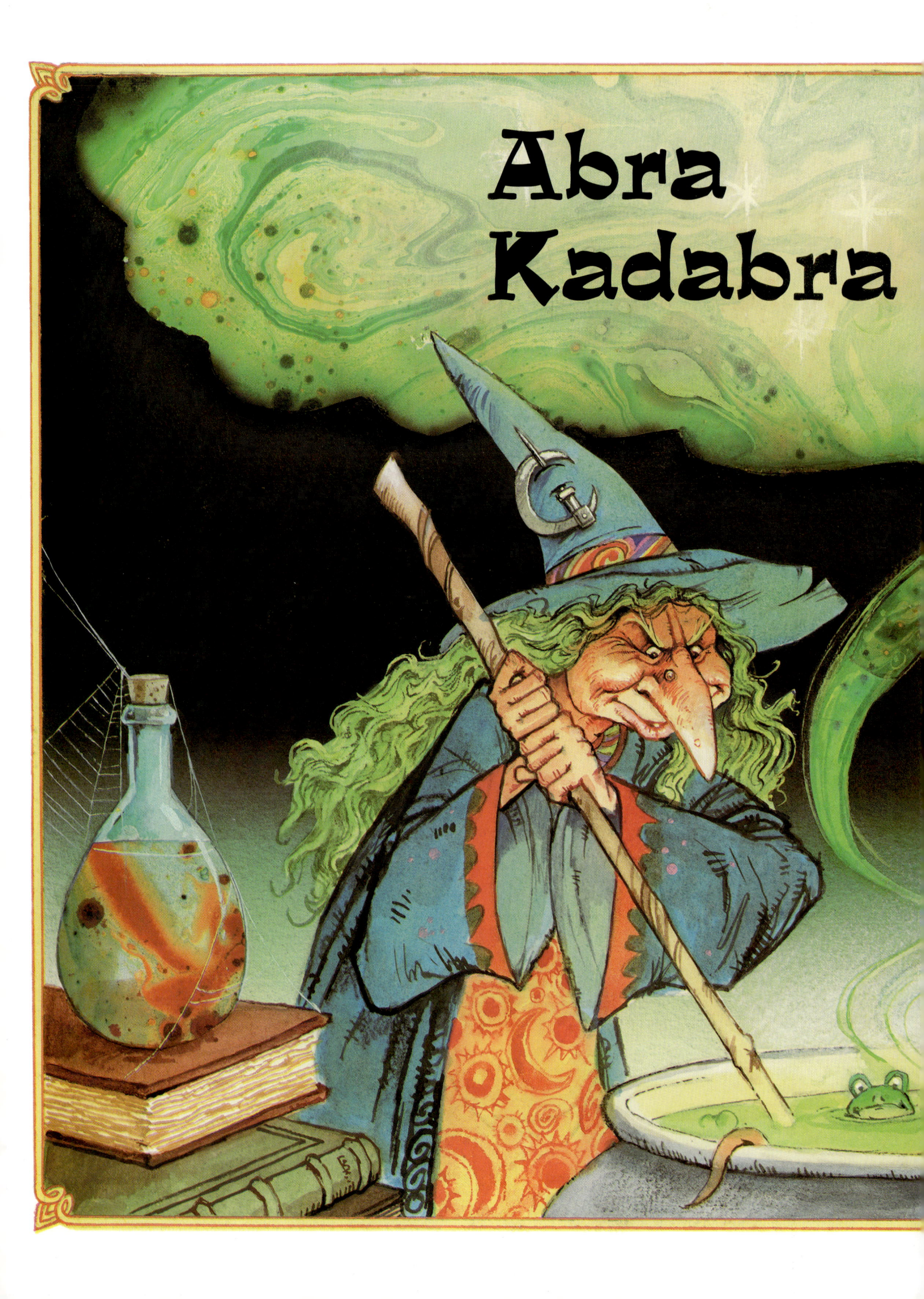

Abra Kadabra

Über HEXEN und Zauberer

Von John Patience

Die Hexe von nebenan

Lisas Vater hatte eine neue Stellung in einer anderen Stadt bekommen, und die Familie war gerade umgezogen. Das war für Lisa ziemlich unerfreulich. Sie hatte all ihre alten Freunde verloren, und die Kinder, die auf der Straße spielten, wollten offenbar nichts von ihr wissen. Sie ging aus dem Haus, stellte sich an die Gartenpforte, beobachtete sie und hoffte, sie würden sie zum Mitspielen einladen, aber das taten sie nicht. Eines von ihnen grinste sie sogar an und rief ihr unfreundliche Worte zu.

Als sie losging um für ihre Mutter einzukaufen, stürmten zwei große Jungen so plötzlich auf sie zu, dass sie ihre Einkäufe fallen ließ. Dann jagten sie Lisa den ganzen Weg bis nach Hause.

Lisas Mutter tat alles, damit sie sich wohler fühlte, aber in dieser Nacht wünschte sich Lisa nur, sie wäre wieder in ihrem alten Haus und bei ihren alten Freunden. Dann passierte etwas, das sie ihren Kummer vergessen ließ.

Vor ihrem Fenster hörte sie ein seltsames Geräusch. Sie schlich auf Zehenspitzen durch ihr Zimmer, schaute durch die Gardine hinaus und sah etwas ganz Merkwürdiges. Die Frau, die im Nebenhaus wohnte, flog auf ihrem Staubsauger in der Luft herum! Als Lisa diese Frau das erste Mal gesehen hatte, war ihr etwas an ihr sehr seltsam vorgekommen – sie hatte abstehende rote Haare und war ganz komisch geschminkt und angezogen. „Natürlich!", flüsterte Lisa. „Sie ist eine Hexe!"

Am nächsten Morgen erzählte Lisa ihren Eltern von der Hexe nebenan, aber sie lachten nur und sagten, sie solle nicht so albern sein. „So etwas wie

Hexen gibt es nicht", sagte ihre Mutter. „Hier ist ein Brief für die Dame nebenan. Der Postbote hat ihn aus Versehen bei uns abgeliefert. Sei so gut und bringe ihn hinüber." Lisa war zwar nicht glücklich über diesen Auftrag, gehorchte aber. Sie nahm den Brief, der an Frau Mond adressiert war, und klopfte an die Haustür. Die laute Musik, die aus dem Haus gekommen war, wurde abgestellt, und durch das Buntglas in der Haustür konnte Lisa sehen, wie die Hexe durch den Flur kam. Dann ging die Tür auf. „Hallo, du bist das Mädchen, das nebenan wohnt, stimmt's?", fragte die Hexe. „Ist dieser Brief für mich? Dieser Postbote! Er träumt mit offenen Augen. Komm herein, damit wir uns besser kennen lernen." Lisa brachte kein Wort heraus, aber sie folgte der Hexe ins Haus. Und es war ein sehr merkwürdiges Haus, mit seltsamen Plakaten und Bildern an den Wänden, und überall lag alles mögliche Gerümpel herum. „Kümmere dich nicht um die Un-ordnung", sagte die Hexe fröhlich, „eines Tages werde ich das alles aufräumen." Und sie führte Lisa in die Küche, in der auf einem Sessel zusammengerollt die schwarze Katze der Hexe schlief. Aber der Raum war warm und gemütlich und Lisa begann, ihre Angst zu verlieren. Vielleicht war Frau Mond eine gute Hexe, eine weiße Hexe. In der Küche roch es wundervoll nach frisch gebackenem Brot. Frau Mond schnitt eine große Scheibe davon ab, bestrich sie mit reichlich Butter und Marmelade und reichte sie Lisa. „Probier das", sagte sie. „Ich glaube, es ist das beste Brot, das ich je gebacken habe." Lisa biss ab, und in diesem Augenblick wurden sie und Frau Mond wie durch einen Zauber die besten Freundinnen. Lisa erzählte Frau Mond alles, wo sie herkam und wie es ihr nicht gelungen war, sich mit den anderen Kindern auf der Straße anzufreunden.

„Mach dir deshalb keine Sorgen", sagte Frau Mond. „Damit ist jetzt Schluss. Ich habe etwas für dich. Hier: eine Zaubermütze – ich habe sie selbst gestrickt. Wenn du die aufsetzt, verwandelst du dich in ein kleines Monster und brauchst dich nie wieder vor jemandem zu fürchten. Schließlich wagt es niemand, ein

9

Monster zu jagen. Aber sei ein nettes Monster – versuche nicht, allen Leuten Angst zu machen." „Nein, das werde ich nicht tun", sagte Lisa. Dann setzte sie die Mütze auf, verwandelte sich in ein Monster und ging nach Hause.

„Hallo Mama – ich bin ein Monster", sagte Lisa. „Das stimmt", sagte Lisas Mutter. „Bist du so gut und holst mir ein Paket Waschpulver aus dem Laden?"

„Gern", antwortete Lisa. Sie wusste, dass sie jetzt niemand verfolgen würde, also fühlte sie sich sicher und voller Selbstvertrauen. Auf der Straße lächelte sie ein ganz großes Monsterlächeln, und die anderen Kinder lächelten zurück. „Hallo", riefen sie, „willst du mit uns spielen?" „Später", sagte Lisa. „Ich bin ein Monster, und ich muss zum Laden und etwas für meine Mutter einkaufen." Ein Monster zu sein war wirklich großartig – das Beste, was ihr je passiert war! Lisa machte einen Luftsprung und rannte um ein Straßenschild herum zum Laden.

Auf dem Rückweg versuchten die beiden großen Jungen abermals, sie zu erschrecken, aber sie stieß ein fürchterliches Monsterbrüllen aus und die beiden ergriffen die Flucht. Danach spielte sie mit den anderen Kindern. Die wollten auch gern Monster sein, also taten sie so, als wären sie welche. Nun tobten haufenweise kleine Monster auf der Straße herum, aber natürlich war Lisa das beste, weil sie ihre Zaubermütze trug.

Lisa war glücklich. Sie hatte massenhaft neue Freunde, aber ihre beste Freundin war Frau Mond. In dieser Nacht sah sie die Nachbarin wieder auf ihrem Staubsauger herumsausen und die Sterne aufsaugen, als wären sie Krümel auf einem Teppich. Sie klopfte an die Scheibe und winkte und Frau Mond winkte zurück. Da setzte Lisa ihre Monstermütze auf, kuschelte sich ins Bett und schlief ein.

Frau Miez

Woher sie kam, wie sag ich's nur?
Es ist so eine von diesen Geschichten,
die, wenn man sie hört, man glaubt sie nicht –
doch will ich ganz ehrlich berichten:

Frau Miez gehörte einer Hexe
und fand das recht beschwerlich
Beim Fliegen auf dem Besenstiel
wurd ihr leicht übel, ehrlich.

In wilder Nacht, bei fahlem Mond,
ganz grün vor Angst vorm Fliegen,
verlor sie plötzlich Griff und Halt –
wo war ihr Besen bloß geblieben?

Durch meinen Schornstein kam die Katz,
eines Nachts fiel sie hinein –
geweckt zu werden ist kein Spaß
von jämmerlichem Katzenschreien.

Sie ist eine Katz wie jede Katz,
mit Schnurren und mit Kratzen,
putzt sich und schläft den ganzen Tag,
ein Kätzchen mit weichen Tatzen.

Nur manchmal der Blick, so ganz unheimlich,
erinnert an ihr altes Leben.
Er macht, dass es dich kalt durchläuft,
lässt zittern dich und beben.

Gute Nachbarn

Am Ende der Krebsgasse standen zwei kleine Häuser. In einem davon wohnte eine Hexe, und ihr Nachbar war ein Zauberer. Sie hatten sich noch nie gut verstanden. Um es ganz offen zu sagen: Sie hassten sich wie die Pest. Die Hexe braute unablässig wirklich widerlich riechende Tränke, und der Gestank drang immer ins Haus des Zauberers.

Eines Morgens, als ein besonders übler Gestank in der Luft lag, sah der Zauberer, dass die Hexe in ihrem Garten war, wo sie vermutlich etwas Scheußliches einsammelte, was sie ihren Tränken hinzufügen konnte. Der Zauberer schlich in seinen eigenen Garten, lehnte sich über den Zaun und sagte: „Schau her! Hier ist eine hübsche schleimige Schnecke, dort ist ein feiner saftiger Wurm, und pass auf, dass du diesen fetten kleinen Frosch nicht übersiehst!" „Behalte deine dummen Bemerkungen für dich, du alter Esel", höhnte die Hexe. „Dann behalte du deine widerlichen Gerüche für dich", rief der Zauberer, „du scheußliche alte Vogel-scheuche!" „Alte Vogelscheuche? Du bist ein ganz miserabler Zauberer. Du könntest keinen anständigen Zauber bewirken!" Das ging dem Zauberer zu weit. „Das werden wir sehen", murmelte er düster, „das werden wir sehen."

Die ganze Nacht hindurch brütete der Zauberer über seinen Beschwörungs-büchern. Es war eine Ewigkeit her, seit er das letzte Mal einen wirklich starken Zauber bewirkt hatte. Seinen Lebensunterhalt verdiente er in erster Linie damit, dass er den Leuten Warzen von der Nasenspitze wegzauberte und dergleichen

Dinge. Aber jetzt suchte er nach etwas Besonderem, etwas wirklich Beeindruckendem, und schließlich fand er es.

Am nächsten Morgen trat er der Hexe wieder am Gartenzaun gegenüber. „Ich könnte keinen Zauber bewirken, selbst wenn es um mein Leben ginge, wie?", sagte er. „Wie wär's damit?" Und er begann etwas zu deklamieren, das sich ungefähr so anhörte:

> **„Hokus pokus, rundherum,**
> **drinnen, draußen, rummedibum,**
> **draußen abra, drinnen kadabra.**
> **Schau nur hin und dreh dich um."**

Und in Sekundenschnelle passierte es: Der Garten der Hexe hatte sich in einen tropischen Urwald verwandelt, und aus ihrer Katze, die mit einer Maus gespielt hatte, war - man stelle sich das vor! - ein Nilpferd geworden. Die Hexe

war außer sich vor Wut. Sie schwenkte ihren Zauberstab durch die Luft und schrie nun ihrerseits eine Beschwörung. Der Bart des Zauberers wurde grün, seine Ohren wuchsen und wurden so lang und pelzig wie die eines Esels. Dann quoll er auf wie ein Ballon und schwebte in die Luft.

Das war der Anfang des Zauberkrieges. Bald verzauberten sich die Hexe und der Zauberer ständig gegenseitig. Zuerst fing der Besen der Hexe Feuer und der Stuhl des Zauberers sprang auf und rannte mit ihm

davon. Dann kam eine ganze Horde von scheußlichen kleinen Kreaturen aus dem Kamin, die die Hexe durchs ganze Haus jagten und sie zwickten, bis sie grün und blau war.

Dieser Unfug konnte natürlich nicht ewig so weitergehen, und dann geschah es, dass beide gleichzeitig beschlossen, den Krieg mit der besten Beschwörung zu beenden, die sie sich ausdenken konnten. „Ich werde es der alten Schachtel zeigen", dachte der Zauberer. „Ich werd dem dummen alten Esel eine Lehre erteilen", murmelte die Hexe. Und während der Zauberer in seinen Büchern nach dem mächtigsten aller Zaubersprüche suchte, warf die Hexe alles, was sie finden konnte, in ihren brodelnden Kessel.

Am nächsten Morgen stand der Zauberer blass und mit grimmiger Miene am Gartenzaun. Er streckte seine Arme der Hexe entgegen und begann die grausigste Beschwörungsformel zu sprechen, die er hatte finden können:

„Alles Schwarz und alles Grauen,
Unheil in der finstren Nacht,
Schleimgestalten, schmutz'ge Klauen,
faule Reime ohne Macht,
Zahnweh, Bauchweh, schlecht Verdauen,
Schwären, Warzen, Herzensschmerzen,
Mumps und Hops und Flopwindpocken,
dazu übel riechende Socken!"

Während er sprach, quoll farbiger Rauch aus seinen Fingerspitzen, und der Hexe wurde klar, dass sie sich beeilen und ihren eigenen Zauber bewirken musste. Sie holte eine mit ihrem Zaubertrank gefüllte Flasche unter ihrem Umhang hervor, zog den Stöpsel heraus und schleuderte sie dem Zauberer entgegen.

„Zauber, tu dein Werk!", kreischte sie. Und wenn ein Tropfen dieses Tranks den Zauberer berührt hätte, wäre dieser ohne weiteres in eine Kröte verwandelt worden, aber das passierte nicht. Der Zauber der Hexe und der des Zauberers stießen in der Luft zusammen und vermischten sich und etwas Erstaunliches geschah. Ein Blitz zuckte auf, dann donnerte es gewaltig und ein schreckliches Ungeheuer erschien. Es hatte vier große vorstehende Augen, entsetzliche Klauen und ein Maul voller beängstigender gelber Zähne. Und es brüllte wie ein Löwe. Es riss den Gartenzaun nieder und jagte die zitternde Hexe und den ebenso

verängstigten Zauberer durch ihre Gärten. Sie rannten um ihr Leben, von dem schrecklichen Ungeheuer verfolgt, bis sie schließlich völlig erschöpft und sicher, dass das Ungeheuer sie im nächsten Moment verschlingen würde, auf die Knie gingen. „Es tut mir Leid", keuchte die Hexe, „es ist alles meine Schuld." „Nein, ich bin an allem schuld", schnaufte der Zauberer. „Es tut mir Leid."

„Leid, Leid, Leid. Habt ihr gesagt, es tut euch Leid?", brüllte das Ungeheuer und wurde ganz blass. „Ja, das stimmt, es tut mir Leid!", rief der Zauberer, der begriff, dass er das Zauberwort gefunden hatte. „Leid, Leid, Leid!", riefen die Hexe und der Zauberer gemeinsam. Dann tanzten sie herum und nahmen sich in die Arme. Da begann das Ungeheuer fürchterlich zu zittern. Es bebte so heftig, dass es in Stücke zerfiel und zu einem Häufchen Staub zerkrümelte.

Von diesem Tag an waren die Hexe und der Zauberer die besten Freunde und besuchten sich oft gegenseitig, um eine Tasse Tee miteinander zu trinken und Zauberformeln auszutauschen.

Der Froschprinz

Ein munterer Frosch, das war ich einmal,
und sonnte mich täglich am Teichesrand.
Ich war zufrieden bis dann eines Tags
mein Glück ein jähes Ende fand.

Eine Hexe brachte mir ein Geschenk,
es schüttelt mich, wenn ich nur daran denke:
In einen Prinzen verwandelt sie mich –
so sind die Hexengeschenke!

Ich musste die Freunde im Teich verlassen:
Nun wird es öde, das wusst ich genau!
Doch tief in mir bin ich Frosch geblieben –
mit einer dummen Prinzessin zur Frau.

Michel und der Zauberer

Es war einmal ein armer Junge, der Michel hieß und sein Geld als Straßenmusikant verdiente. Er trug alte, zerlumpte Kleider, aber er lächelte immer glücklich. Die reichen Leute der Stadt machten sich über ihn lustig, wenn sie in ihren Kutschen an ihm vorbeifuhren. Sie hielten ihn für dumm, aber Michel störte das nicht. Er verdiente genügend Geld, um sich Essen und Getränke zu kaufen und ein Dach über dem Kopf zu haben.

Eines Tages kam ein Zauberer in die Stadt, in der Michel wohnte. Er trat auf den Marktplatz, streckte die Arme in die Luft und holte einen gewaltigen Blitz herunter. „Ich bin euer Herrscher", verkündete er. „Von jetzt ab seid ihr alle meine Sklaven. Ihr werdet für mich arbeiten. Ich sorge dafür, dass ihr zum Essen bekommt, was ihr braucht, und ich gebe euch Kleider zum Anziehen, aber wenn ihr mir nicht gehorcht, bringe ich euch alle um!"

Es sah so aus, als hätten die Leute keine andere Wahl. Sie mussten dem Zauberer gehorchen. Er befahl ihnen, am Marktplatz einen großen Turm aus funkelndem Gold zu bauen und ließ sie Tag und Nacht schuften. Als der Turm fertig war, zog er ein, und von seinem hohen Balkon aus konnte er die ganze Stadt überblicken und aufpassen, ob jemand gegen seine Gesetze verstieß. Das waren einige seiner Gesetze:

Lächeln und Lachen sind verboten.
Kinder dürfen nicht auf den Straßen spielen, und Musikmachen ist STRENGSTENS untersagt.

Nun, die Leute befolgten all diese schrecklichen Gesetze, und der Zauberer gab ihnen Nahrungsmittel zum Essen und Kleider zum Anziehen. Aber das Essen, das er aus der Luft herbeizauberte, schmeckte nach überhaupt nichts und machte niemanden satt, und die Kleider, die er ihnen gab, waren alle grau und hielten die Kälte nicht ab.

Schließlich konnten die Leute in der Stadt das nicht mehr ertragen. Sie versammelten sich vor dem goldenen Turm und erklärten dem Zauberer: „Wir sind unglücklich. Deine Gesetze sind dumm und sinnlos." Da wurde der Zauberer sehr wütend und beschwor mit einer Handbewegung drei große Trolle herbei, die alle Menschen bedrohten und auf den Straßen patrouillierten um aufzupassen, dass nie wieder jemand auf die dumme Idee kam, er wäre unglücklich.

Aber was war aus dem dummen Michel geworden? Ich glaube nicht, dass es in der ganzen unglücklichen Stadt jemanden gab, der noch unglücklicher war als Michel. Jetzt, wo er nicht mehr auf der Straße Flöte spielen durfte, war sein fröhliches Lächeln verschwunden wie die Sonne hinter einer großen, dunklen

Wolke. Aber Michel hatte Mut und entschied, dass er den Zauberer aufsuchen musste. „Schließlich habe ich nichts zu verlieren", dachte Michel. „Der Zauberer hat mein Leben so elend gemacht, dass es sich kaum noch zu leben lohnt."

Michel klopfte laut an die Tür des goldenen Turms, und bald erschien der Zauberer. „Was willst du?", knurrte er. „Weshalb arbeitest du nicht mit den anderen Leuten in der Stadt?" Der Zauberer hatte befohlen, dass alle Bürger an einem großen Denkmal für ihn arbeiten sollten; sie mussten es aus der Flanke eines Berges, der die Stadt überragte, herausmeißeln. Sie arbeiteten bereits seit Monaten daran, ständig von den drei Trollen bewacht. „Ich will kein Denkmal bauen. Ich will auf der Straße Flöte spielen, wie ich es früher getan habe", erklärte Michel tapfer. Daraufhin stieß der Zauberer einen Wutschrei aus, rief eine Zauberformel und beschwor

ein entsetzliches, Feuer speiendes Ungeheuer herauf. Jeder andere hätte kehrtgemacht und die Flucht ergriffen, aber Michel rührte sich nicht von der Stelle. Ihm war etwas klar geworden: Alles, was der Zauberer hervorbrachte, war nur vorgetäuscht. Nichts daran war echt. Das Essen, das er den Leuten gab, füllte ihre Bäuche nicht und stillte nicht ihren Hunger. Die Kleider hielten sie nicht warm. Und wenn man sich genau erinnerte: Dieser Blitz, den er heruntergeholt hatte, hatte einen Hund getroffen, und der hatte nicht einmal einen Kratzer abbekommen.

Michel beschloss, es auf einen Versuch ankommen zu lassen. Er legte seine Flöte an die Lippen und begann zu spielen, und als die verbotene Musik die Luft erfüllte, schrumpfte das Ungeheuer immer mehr zusammen, bis es nur noch so groß war wie eine Maus, woraufhin es Angst bekam und davonrannte. (Falls es jemanden interessieren sollte – ich glaube, es wurde von einer Katze erwischt und aufgefressen.) „Verschwinde, oder ich werde, ich werde – ich weiß nicht, was ich tun werde!", kreischte der Zauberer. „Du bist nichts als ein Schwindler!", sagte Michel und fing an zu lachen. Der Zauberer war fassungslos – noch nie hatte jemand in seiner Gegenwart gewagt zu lachen. Das Geräusch fuhr in ihn wie ein Messer. Er stieß einen entsetzlichen Schrei aus und begann, von den Zehen an aufwärts zu verblassen. Schließlich war nur noch sein Kopf übrig, der in der Luft schwebte. Und dann löste sich auch der in Rauch auf und wurde davongeweht. Niemand hat jemals wieder etwas von dem Zauberer gehört oder gesehen.

Die Trolle verschwanden zusammen mit dem Zauberer und alle Menschen waren wieder frei. Die Kinder spielten wieder auf den Straßen. Die Leute lachten und scherzten wieder und, was das Beste war, Michel konnte wieder auf seiner Flöte spielen. Die Leute wollten ihn sogar zum Bürgermeister machen und in feine Kleider stecken, aber Michel lehnte ab. Ihr mögt das für dumm halten, aber er war mit seinem Leben zufrieden und glücklich. Und so kam es, dass die Leute ihn fortan nicht mehr den dummen Michel, sondern den glücklichen Michel nannten.

Drachen-Geschichten

Von John Patience

Herr Fiebel und der Drache

Nachdem er seine Stellung in der Farbenfabrik aufgegeben hatte und in Rente gegangen war, langweilte sich Herr Fiebel. Er brauchte Arbeit. Deshalb schrieb er eine Karte und hängte sie im Schaufenster des Ladens an der Ecke aus. Auf der Karte stand:

Übernehme Aufträge aller Art.

Kein Auftrag ist zu groß, kein Auftrag ist zu klein.

Bitte bei Herrn Fiebel, Bahnhofstraße 13, melden.

Am nächsten Morgen, als Herr Fiebel gerade beim Frühstück saß, läutete es an seiner Tür, und auf der Schwelle stand seine erste Kundin! „Guten Morgen", sagte sie höflich. „Ich bin die Hexe von Weitweg und Langvorbei. Ich habe Ihre Karte im Schaufenster gesehen, und ich habe einen kleinen Auftrag für Sie. Es ist nichts Besonderes, nur ein lästiger Drache in Langvorbei, der erschlagen werden muss. Ich würde es selbst erledigen, aber ich habe in Weitweg zu tun." „Also, das Erschlagen von Drachen ist eigentlich nicht mein Metier", sagte Herr

Fiebel vorsichtig. Er argwöhnte, dass ihm jemand nur einen Streich spielen wollte. „Und außerdem – sollte ich nicht ein Zauberschwert haben, mit dem ich den Drachen erschlagen kann?" „Katzen und Besenstiele!", rief die Hexe. „Sie haben völlig Recht – ich habe vergessen, das Schwert mitzubringen. Nun, das ist jetzt nicht mehr zu ändern. Das muss Ihnen genügen." Die Hexe zog eine große silberne Nadel aus ihrem spitzen Hut und reichte sie Herrn Fiebel. „Warten Sie einen Moment", sagte Herr Fiebel. „Tut mir Leid, ich muss losfliegen", sagte die Hexe. „Und Sie müssen sich auch auf den Weg machen. Viel Glück!" Und dabei blies sie Herrn Fiebel an, als wäre er eine Pusteblume.

Es war nur ein kleiner Atemhauch, aber er wehte Herrn Fiebel von den Beinen und aus dieser Welt heraus. Kopfüber und kopfunter wirbelte er durch wallende Schwaden von regenbogenfarbenem Nebel. Sein Kopf war erfüllt von einem Geräusch wie klingenden Glöckchen und es kribbelte ihn am ganzen Körper. „Aufhören! Aufhören!", schrie der alte Mann, und plötzlich war es ganz still. Der Nebel lichtete sich und er stand mitten in einer wunderschönen Märchenstadt.

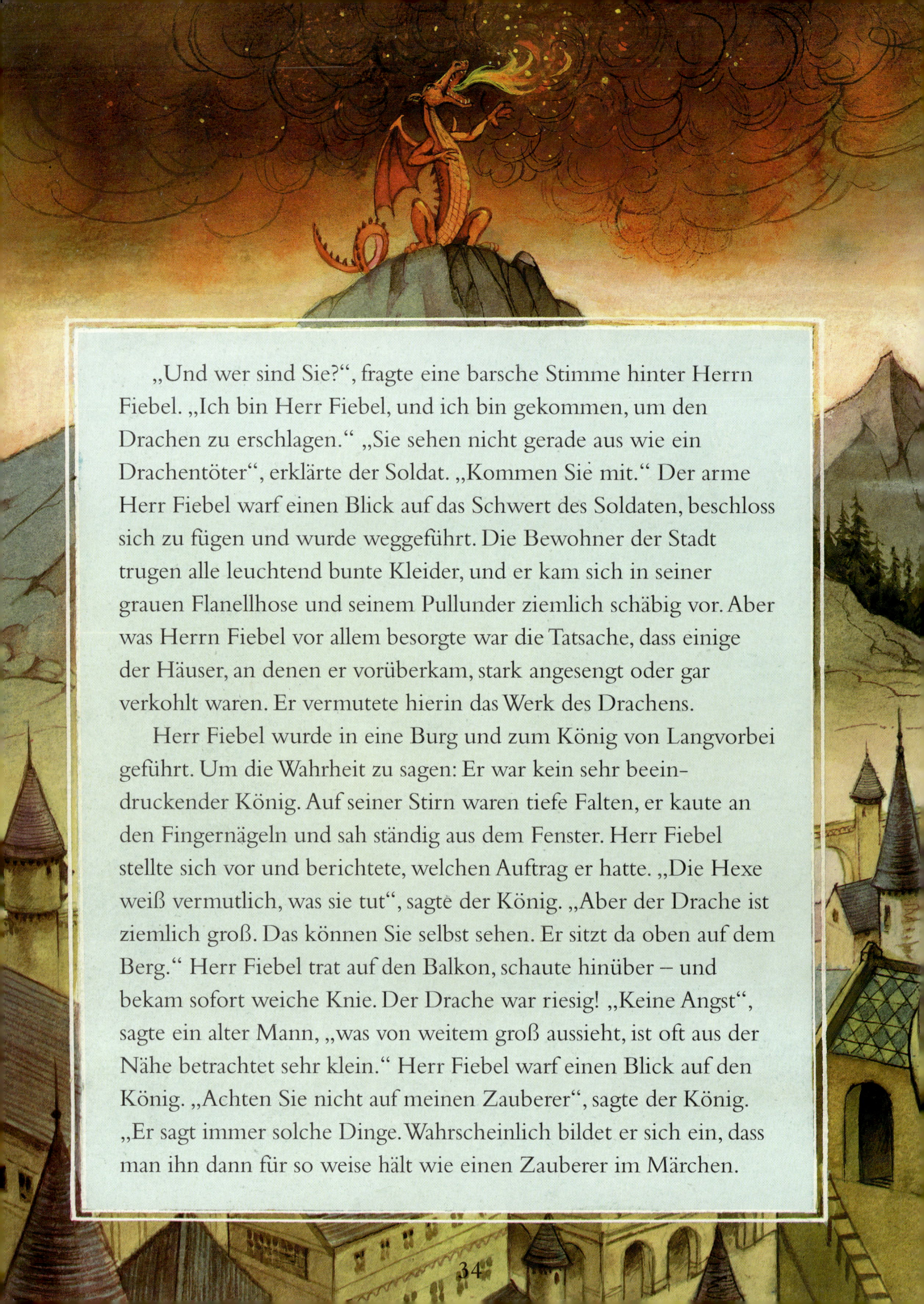

„Und wer sind Sie?", fragte eine barsche Stimme hinter Herrn Fiebel. „Ich bin Herr Fiebel, und ich bin gekommen, um den Drachen zu erschlagen." „Sie sehen nicht gerade aus wie ein Drachentöter", erklärte der Soldat. „Kommen Sie mit." Der arme Herr Fiebel warf einen Blick auf das Schwert des Soldaten, beschloss sich zu fügen und wurde weggeführt. Die Bewohner der Stadt trugen alle leuchtend bunte Kleider, und er kam sich in seiner grauen Flanellhose und seinem Pullunder ziemlich schäbig vor. Aber was Herrn Fiebel vor allem besorgte war die Tatsache, dass einige der Häuser, an denen er vorüberkam, stark angesengt oder gar verkohlt waren. Er vermutete hierin das Werk des Drachens.

Herr Fiebel wurde in eine Burg und zum König von Langvorbei geführt. Um die Wahrheit zu sagen: Er war kein sehr beeindruckender König. Auf seiner Stirn waren tiefe Falten, er kaute an den Fingernägeln und sah ständig aus dem Fenster. Herr Fiebel stellte sich vor und berichtete, welchen Auftrag er hatte. „Die Hexe weiß vermutlich, was sie tut", sagte der König. „Aber der Drache ist ziemlich groß. Das können Sie selbst sehen. Er sitzt da oben auf dem Berg." Herr Fiebel trat auf den Balkon, schaute hinüber – und bekam sofort weiche Knie. Der Drache war riesig! „Keine Angst", sagte ein alter Mann, „was von weitem groß aussieht, ist oft aus der Nähe betrachtet sehr klein." Herr Fiebel warf einen Blick auf den König. „Achten Sie nicht auf meinen Zauberer", sagte der König. „Er sagt immer solche Dinge. Wahrscheinlich bildet er sich ein, dass man ihn dann für so weise hält wie einen Zauberer im Märchen.

In Wirklichkeit ist er gar kein richtiger Zauberer."

Einige Zeit später kniff der Drache auf seinem Berg seine grausamen gelben Augen zusammen und beobachtete, wie eine winzige, fast kahlköpfige Gestalt durch das Stadttor kam, das Ödland zwischen der Stadt und dem Berg überquerte und den Berg zu besteigen begann. Diese Gestalt war Herr Fiebel.

Obwohl er große Angst hatte war Herr Fiebel entschlossen, nicht gleich beim ersten Auftrag zu versagen, den er erhalten hatte. Das konnte sehr schlecht für seinen Ruf sein! Herr Fiebel kletterte immer höher hinauf, und endlich stand er zitternd vor seinem riesigen, Furcht einflößenden, entsetzlichen, übel riechenden und Feuer speienden Gegner! „Was willst du?", zischte der Drache. „Also, eigentlich bin ich gekommen, um dich zu erschlagen", sagte Herr Fiebel. „Aber ich halte nichts von Gewalt. Warum fliegst du nicht einfach davon wie ein guter Drache und lässt die Leute in Ruhe?" Der Drache lachte. Es war ein lautes, schreckliches Lachen, das sich anhörte wie das Brodeln eines Vulkans. „Ich mache dir einen anderen Vorschlag", brüllte er. „Wir werden, nur so zum Spaß, nach Märchenregeln spielen. Du gibst mir drei Rätsel auf, und wenn ich die nicht lösen kann, fliege ich davon. Wenn ich sie löse, fresse ich dich auf. Was hältst du davon?" „Also gut", sagte Herr Fiebel. „Hier ist das erste Rätsel. Was ist weiß und schwingt sich durch den Urwald?" Der Drache blies ein paar Rauchringe und dachte eine Weile nach. „Ich weiß es nicht", gestand er mürrisch ein. „Ein Affe aus Zuckerguß", sagte Herr Fiebel. „Und hier ist das zweite: Was ist überall schwarz und weiß und rot?" Wieder dachte der Drache angestrengt nach. „Ich weiß es nicht", knurrte er schließlich. „Eine Zeitung", sagte Herr Fiebel. „Und hier ist das letzte: Was ist lang, krumm und gelb und bewegt sich mit einer Geschwindigkeit von hundertfünfzig Stundenkilometern?" „Ich weiß es nicht", brüllte der Drache mit der größten Kraft seiner entsetzlichen Stimme. „Eine Banane mit Düsenantrieb!", rief Herr Fiebel triumphierend. „Ich habe gewonnen. Und nun verschwinde! Gute Reise!" „Quatsch!", fauchte der Drache und packte Herrn Fiebel mit einer seiner schrecklichen Krallen. „Das waren keine richtigen Rätsel – das waren nur dumme Witze. Und jetzt werde ich dich fressen!"

In diesem Augenblick wünschte sich Herr Fiebel, er hätte ein Zauberschwert; stattdessen fand er nur die Nadel der Hexe. Verzweifelt stieß er sie dem Drachen ins Nasenloch. „Friss das!", rief er. Es gab einen lauten Knall, einen Regen aus bunten Funken, und Herr Fiebel flog kopfüber und kopfunter davon. Er wirbelte zurück durch den wallenden, regenbogenfarbenen Nebel, durch den er zu Beginn seines Abenteuers geflogen war. Aber anstelle der Glöckchen hörte er eine Stimme, die immer wieder sagte: „Post für Sie, Herr Fiebel! Post für Sie, Herr Fiebel!"

Kurz darauf war er wieder bei Sinnen und stellte fest, dass er auf seiner eigenen Türschwelle stand und vor ihm der Briefträger. „Post für Sie, Herr Fiebel", sagte dieser. Herr Fiebel nahm den Brief geistesabwesend entgegen. War das alles nur ein Traum gewesen? Ja, ganz bestimmt. Kopfschüttelnd öffnete er den Brief, und darin lag ein Scheck über EINTAUSEND GOLDSTÜCKE. Der alte Mann war fassungslos. Der Scheck war von der Hexe von Weitweg und Langvorbei unterschrieben, und auf der Rückseite stand: „Für das Erschlagen eines lästigen Drachen."

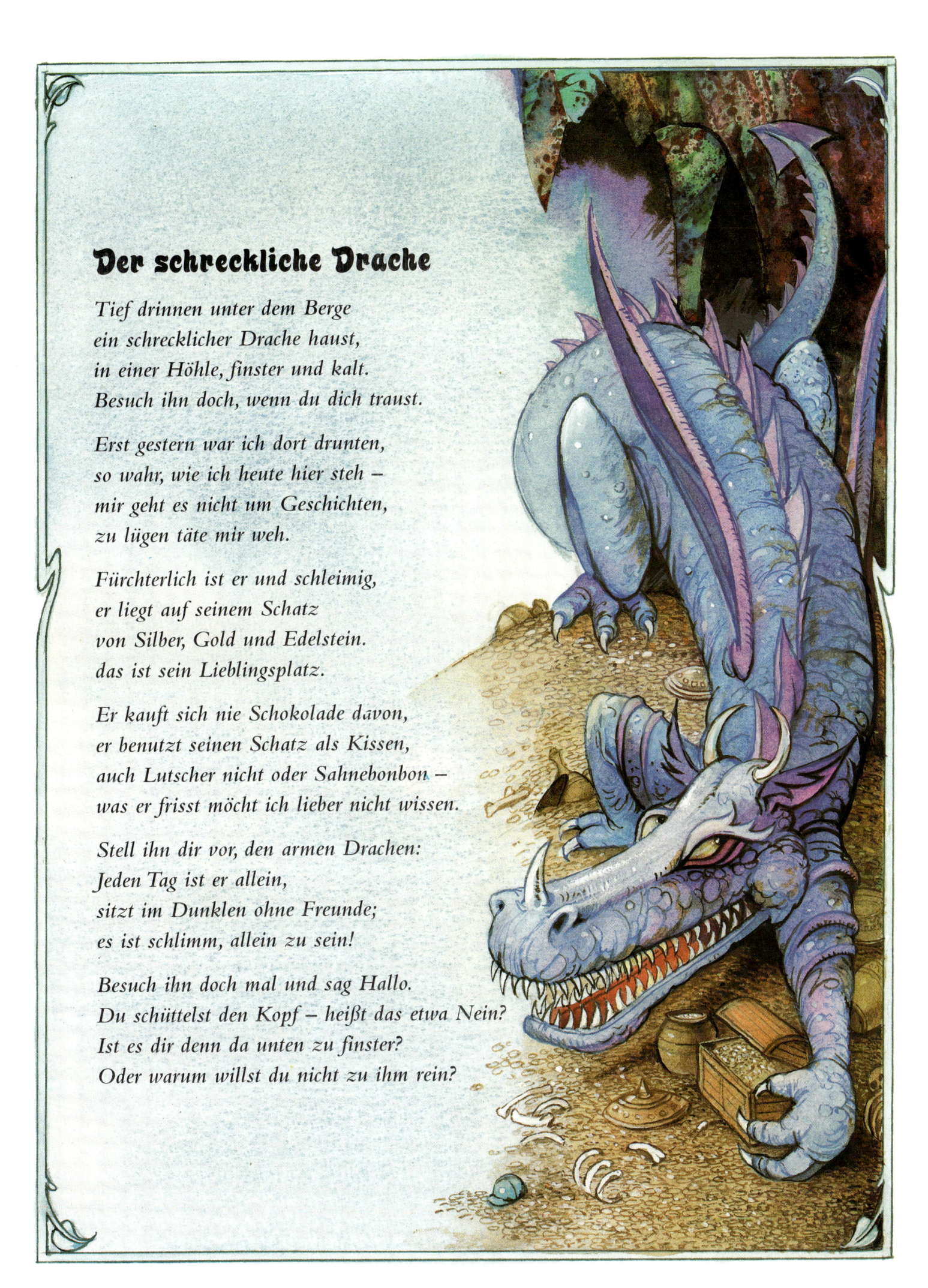

Der schreckliche Drache

Tief drinnen unter dem Berge
ein schrecklicher Drache haust,
in einer Höhle, finster und kalt.
Besuch ihn doch, wenn du dich traust.

Erst gestern war ich dort drunten,
so wahr, wie ich heute hier steh –
mir geht es nicht um Geschichten,
zu lügen täte mir weh.

Fürchterlich ist er und schleimig,
er liegt auf seinem Schatz
von Silber, Gold und Edelstein.
das ist sein Lieblingsplatz.

Er kauft sich nie Schokolade davon,
er benutzt seinen Schatz als Kissen,
auch Lutscher nicht oder Sahnebonbon –
was er frisst möcht ich lieber nicht wissen.

Stell ihn dir vor, den armen Drachen:
Jeden Tag ist er allein,
sitzt im Dunklen ohne Freunde;
es ist schlimm, allein zu sein!

Besuch ihn doch mal und sag Hallo.
Du schüttelst den Kopf – heißt das etwa Nein?
Ist es dir denn da unten zu finster?
Oder warum willst du nicht zu ihm rein?

Der Zauberfelsen

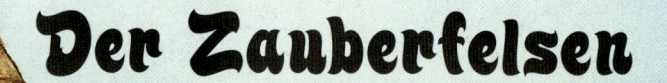

Es war einmal ein Drache, der kam angeflogen, ließ sich auf einem Zauberfelsen nieder und wurde auf der Stelle in Stein verwandelt. Regen und Schnee fielen auf ihn, der Wind heulte um ihn herum und die Sonne brannte auf seinen schuppigen Kopf, aber er brachte nicht einmal ein Blinzeln zustande. Die Jahre vergingen, und um den Steindrachen herum wuchs eine große Stadt empor. Ihre Bewohner dachten, er wäre nur ein Denkmal, aber er beobachtete sie genau. Er sah, wie unglücklich die Leute mit der Zeit wurden. Er hörte zu, wie sie sich unterhielten und jammerten, dass sie kein Geld hätten, weil König Gierig ihnen so hohe Steuern auferlegte, dass ihre Kinder Hunger leiden und barfuß gehen mussten. Und wenn jemand genau hingeschaut hätte, dann hätte er gesehen, wie Tränen in die Steinaugen des Drachen traten und ihm über die Wangen liefen, denn im Innern des großen Steinkörpers schlug ein weiches Herz, und die armen Leute taten ihm Leid.

Aber eines Morgens, als die Sonne aufging, drang aus den Nasenlöchern des Drachen eine kleine Rauchwolke. Langsam bewegte er den Kopf von einer Seite zur anderen, streckte seine Flügel aus und erwachte wieder zum Leben. Tausend Jahre waren vergangen, und länger hält selbst der stärkste Zauber nicht vor. Jetzt, wo der Drache frei war, fand er, dass es höchste Zeit war in der Stadt für Ordnung zu sorgen; deshalb flog er zur Burg von König Gierig. Der König war in seiner Schatzkammer und zählte sein Geld als der Drache auftauchte, und er erschrak so heftig, dass er all seine hübschen, säuberlichen Stapel von Goldmünzen umwarf. „Hilfe! Ich werde von einem Drachen angegriffen!", schrie der König. Die Tür flog auf und eine

mit Schwertern und Speeren bewaffnete Schar Wachleute stürmte herein. „Kein Grund zur Aufregung", sagte der Drache. „Wir können doch bestimmt vernünftig miteinander umgehen." „Was willst du damit sagen?", fragte der König mürrisch. „Erklär mir das schnell, denn Zeit ist Geld. Du hast mich schon jetzt ein Goldstück gekostet." „Du weißt doch bestimmt, dass deine Untertanen hungern", erklärte der Drache. „Ich finde, du solltest aufhören, sie zu besteuern. Schließlich hast du schon genug Geld – deine Schatzkammer ist voll davon." „Red keinen Unsinn!", kreischte der König so laut, dass ihm fast die Augen aus dem Kopf traten. „Ich brauche alles Gold, das ich bekommen kann. Außerdem ist

Geld für die armen Leute viel zu schade!" Als er das sagte, fiel dem König plötzlich auf, dass der Drache selbst vom Kopf bis zum Schwanz mit herrlichen goldenen Schuppen bedeckt war. „Ergreift den Drachen!", brüllte der König. „Er ist ein Vermögen wert!" Nun hätte der Drache natürlich davonfliegen können, aber damit wäre den armen Leuten in der Stadt nicht geholfen gewesen. Er hätte den König und die Solaten mit seinem feurigen Atem rösten können, aber er war ein so sanftes Geschöpf, dass er es einfach nicht fertig brachte. Stattdessen ließ er zu, dass man ihn gefangen nahm.

Anfangs wusste der König nicht recht, was er mit dem Drachen anfangen sollte. Obwohl er mit goldenen Schuppen bedeckt war, konnte man diese nicht einfach anhäufen und wie Goldstücke zählen. Dann hatte er eine wundervolle Idee: Andere Könige fuhren in goldenen Kutschen herum, aber er würde alle in den Schatten stellen, indem er auf einem goldenen Drachen ritt! Und genau das tat er. Er ließ für den Drachen einen mit Edelsteinen besetzten Sattel anfertigen und flog auf ihm in der ganzen Stadt herum. Dabei gab es, was den König anging, nur ein Problem: Er war klein, und der Drache war groß. Aber das hatte nicht viel zu besagen – es musste immer jemand da sein, der ihm half, auf den Drachen zu steigen. Wie gesagt, es hatte nicht viel zu besagen.

König Gierig hätte nicht glücklicher sein können. Obwohl er überall, wo er hinflog, sehen konnte, dass seine Untertanen verarmt und traurig waren, machte ihm das nichts aus. Im Gegenteil – er fand das sehr lustig und befahl dem Drachen oft, so niedrig zu fliegen, dass er den Leuten Grimassen schneiden und sie verspotten konnte. Von Zeit zu Zeit flog König Gierig los und besuchte andere Könige, die dann immer grün vor Neid wurden.

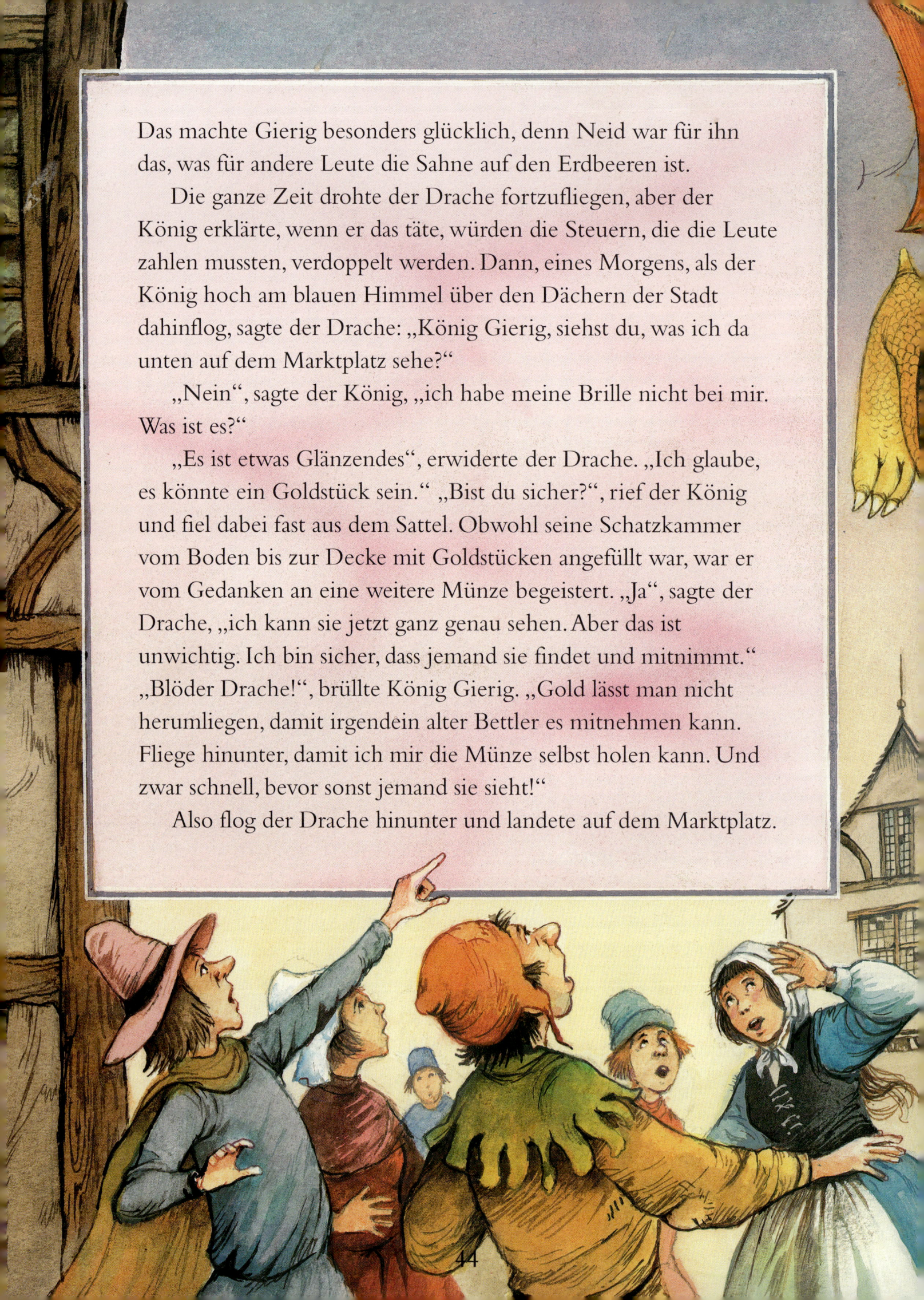

Das machte Gierig besonders glücklich, denn Neid war für ihn das, was für andere Leute die Sahne auf den Erdbeeren ist.

Die ganze Zeit drohte der Drache fortzufliegen, aber der König erklärte, wenn er das täte, würden die Steuern, die die Leute zahlen mussten, verdoppelt werden. Dann, eines Morgens, als der König hoch am blauen Himmel über den Dächern der Stadt dahinflog, sagte der Drache: „König Gierig, siehst du, was ich da unten auf dem Marktplatz sehe?"

„Nein", sagte der König, „ich habe meine Brille nicht bei mir. Was ist es?"

„Es ist etwas Glänzendes", erwiderte der Drache. „Ich glaube, es könnte ein Goldstück sein." „Bist du sicher?", rief der König und fiel dabei fast aus dem Sattel. Obwohl seine Schatzkammer vom Boden bis zur Decke mit Goldstücken angefüllt war, war er vom Gedanken an eine weitere Münze begeistert. „Ja", sagte der Drache, „ich kann sie jetzt ganz genau sehen. Aber das ist unwichtig. Ich bin sicher, dass jemand sie findet und mitnimmt." „Blöder Drache!", brüllte König Gierig. „Gold lässt man nicht herumliegen, damit irgendein alter Bettler es mitnehmen kann. Fliege hinunter, damit ich mir die Münze selbst holen kann. Und zwar schnell, bevor sonst jemand sie sieht!"

Also flog der Drache hinunter und landete auf dem Marktplatz.

„Wo ist sie?", rief der König, glitt vom Rücken des Drachen herunter und rannte im Kreis umher. „Wo ist sie?" „Tut mir Leid, Euer Majestät", sagte der Drache. „Ich muss mich geirrt haben. Vielleicht war es nur eine Glasscherbe, die in der Sonne gefunkelt hat." „Idiot!", brüllte der König. „Bring mich sofort in den Palast zurück. Ich will mein Geld zählen, das wird mich aufheitern." „Gut, dann steig wieder auf." Der König sah sich nach jemandem um, der ihm in den Sattel half, aber niemand bot seine Hilfe an. Weshalb sollten die Leute ihm helfen? Schließlich hatte er sie immer im Stich gelassen. „Ich werde euch eine Lehre erteilen", rief König Gierig. „Morgen verdreifache ich eure Steuern!" „Vielleicht solltest du auf diesen Felsen klettern", schlug der Drache vor, „und von dort aus auf meinen Rücken springen." „Gute Idee", sagte der König. Er war es nicht gewohnt zu klettern, aber es blieb ihm nichts anderes übrig, also mühte er sich schnaufend und keuchend auf den Zauberfelsen hinauf. Doch als er

oben angekommen war, verwandelte er sich sofort in Stein. Er konnte keinen Muskel mehr bewegen und kein Wort mehr sprechen. „Keine Sorge", sagte der Drache. „Der Zauber hält nur tausend Jahre vor. Das gibt dir reichlich Zeit darüber nachzudenken, wie habsüchtig du gewesen bist."

Dann breitete der Drache seine großen Flügel aus und erhob sich in die Luft. Kurze Zeit später war er wieder in der Schatzkammer des Königs. Dort ergriff er einen Sack voller Gold und flog damit über die Straßen der Stadt, und wohin er kam, ließ er Goldstücke fallen. Den ganzen Tag lang flog er zwischen der Schatzkammer und der Stadt hin und her, bis die Leute ihr Geld zurückbekommen hatten. Von diesem Tag an war in der Stadt niemand mehr arm und, ob du es glaubst oder nicht, der Drache wurde König!

47

Mein Haustier

Jedes Jahr zur gleichen Zeit
fand ein besonderer Wettstreit statt:
Das ganze Dorf stand pünktlich bereit –
zu sehen wer das tollste Haustier hat.

Es gab Papageien, Katzen und Hunde,
Hamster, Kaninchen gleich dutzendweis,
auch Meerschweinchen sah man in der Runde,
ein Goldfisch im Glas schwamm immer im Kreis.

Glibbrige Kaulquappen in brauner Brühe
eingesperrt im Marmeladenglas
(wenn du mich fragst: Das lohnte kaum die Mühe)
und Spinnen vom Mars (oder war das nur Spaß?).

Ein Pony dazu und ein Esel mit Fohlen,
eine Ziege und ein Tier aus dem Zoo.
Ein Pelikan konnte den dritten Preis holen,
eine Riesenschlange den Preis Nummer zwo.

Doch den ersten Preis errangen wir!
Mein Schatz ist riesig, schuppig und grün.
Ein Drache ist mein Kuscheltier,
sein Atem bringt Steine zum Glühn.

Wo sind all die Drachen geblieben?

Es war einmal ein Drache namens Tatzel, der in einer Höhle am tiefen blauen Meer lebte. Jeden Tag kam ein kleiner Junge, der mit ihm spielte, und jeden Abend sang ihm das Meer ein Wiegenlied. Und Tatzel war sehr glücklich.

Eines Abends, nachdem der Junge, der Josef hieß, nach Hause gegangen war, legte sich Tatzel in seiner Höhle zum Schlafen nieder, und das Meer begann zu singen. Aber diesmal sang es ein anderes Lied als sonst:

> „Such oben und unten an jeglichem Ort –
> außer Tatzel sind alle Drachen fort.
> Such nah und fern, verschwunden sind sie
> wie ein Sommertagsende, wie Dunst in der Früh.
> Kein feuriger Atem, kein schuppiger Leib –
> die Drachen sind fort,
> keine Spur weit und breit.
> Such unten und oben
> an jeglichem Ort –
> außer Tatzel sind
> alle Drachen fort."

Das Lied machte Tatzel sehr traurig. Er beschloss, seine Höhle zu verlassen und in der ganzen Welt nach einem anderen Drachen zu suchen. Josef fiel es schwer, seinen Freund abfahren zu sehen, aber er stand am Ufer, winkte ihm zum Abschied und wünschte ihm viel Glück.

Ein Jahr und einen Tag segelte Tatzel herum. Schließlich entdeckte er an einem sonnigen Morgen eine Meerjungfrau auf einem Felsen. Sie kämmte ihr langes goldenes Haar und betrachtete sich in einem Spiegel. „Hast du irgendwelche Drachen gesehen?", fragte Tatzel. „Natürlich nicht", antwortete die Meerjungfrau. „Es gibt keine Drachen. Sie sind nichts als eine Erfindung." „Ich bin keine Erfindung", sagte Tatzel wütend und Rauch schnaubend. „Dann bist du kein Drache", erklärte die Meerjungfrau, sprang von ihrem Felsen herunter und verschwand fast ohne ein Aufspritzen im Wasser.

Ein paar Tage später sichtete Tatzel Land und ließ sich auf den Strand einer kleinen Bucht treiben, hinter der ein dichter Wald wuchs.

Da er nichts Besseres zu tun hatte, wollte er sich ein wenig umsehen. Er war noch nicht weit gekommen, als er auf ein Einhorn stieß. Es stand ganz still an einem Teich und schaute ins Wasser. „Hallo", sagte Tatzel. „Hast du in dieser Gegend irgendwelche Drachen gesehen?" „Nein, leider nicht", sagte das Einhorn. „Aber komm und schau in den Teich." Tatzel trat neben das Einhorn und schaute in das Wasser. Er sah die Spiegelbilder der hohen Bäume, aber nicht die von ihm und dem Einhorn. „Merkwürdig, nicht wahr?", sagte das Einhorn. Genau in diesem Augenblick ertönte ein Geräusch wie Donner, und ein Ritter zu Pferde kam zwischen den Bäumen angeprescht. Das Einhorn war in Nullkommanichts verschwunden, und der Drache musste seinem Gegner allein gegenübertreten. „Endlich!", rief der Ritter. „Ein echter, lebendiger Drache zum Erschlagen! Jetzt kann ich Prinzessin Tausendschön beweisen, wie tapfer ich bin. Stell dich zum Kampf, Drache!" Aber Tatzel war ein überaus friedfertiges

Geschöpf und dachte nicht ans Kämpfen. Als der schreckliche Ritter seine Lanze anlegte und auf ihn losstürmte, ergriff Tatzel die Flucht, und das war die schnellste Flucht, die du je gesehen hast!

Unter der Sonne und unter dem Mond segelte Tatzel beharrlich weiter, bis er schließlich eine weitere Küste sichtete. Am Strand traf er einen Greif, der eine herrliche Sandburg baute. „Du kannst dir deine Worte sparen",

sagte der Greif. „Ich weiß, dass die Flut kommen und alles fortspülen wird, aber hier liegt so viel schöner Sand, und mir fällt nichts ein, was man sonst mit ihm tun könnte. Dir etwa?" „Nein, mir auch nicht", sagte Tatzel. „Übrigens – hast du in letzter Zeit irgendwelche Drachen gesehen?" „Ich glaube, in einer Höhle dort drüben lebt ein Drache", sagte der Greif und deutete mit seinem Spaten über das Meer.

Tatzel dankte dem Greif und segelte ganz aufgeregt davon. Wenig später war er bei einer Höhle angekommen. Sie kam ihm sehr bekannt vor, und das war kein Wunder: Es war sein eigenes Zuhause. Der arme Tatzel hätte beinahe vor Enttäuschung geweint, aber am Eingang zur Höhle entdeckte er seinen Freund, den kleinen Jungen.

„Hast du irgendwelche Drachen gefunden?", fragte Josef. „Nein", seufzte Tatzel. „Anscheinend bin ich der einzige Drache auf der ganzen Welt." „Das macht nichts", sagte Josef. „Anscheinend bin ich auch der einzige Josef auf der Welt." Der Drache lächelte. „Lass uns Monster spielen", sagte er. „Ich jage dich." „Prima!", rief Josef. Er rannte auf dem Sand davon, und Tatzel verfolgte ihn.

Das kleine Volk
Über Feen, Elfen und Zwerge

Von John Patience

König Langnase

Es war einmal ein Land, das von einem geheimnisvollen König regiert wurde, der sein Schloss nie verließ. Seine Untertanen vermuteten, er wäre zu stolz, um zu ihnen herauszukommen, aber in Wirklichkeit war er überhaupt nicht stolz. Er war im Gegenteil sehr schüchtern, und der Grund dafür war, dass er eine sehr lange Nase hatte. „Wenn die Leute meine lange Nase sehen", sagte er zu sich selbst, „dann lachen sie mich aus, und das wäre schrecklich." Also blieb der König in seinem Schloss, betrachtete sich im Spiegel und war sehr unglücklich.

Ich habe gesagt, der König verließ nie sein Schloss, aber das stimmt nicht ganz. Gelegentlich ritt er nachts durch den Wald, wenn er sicher war, dass niemand ihn sehen würde. Aber als er eines Nachts unterwegs war, sah er in einem Strauch ein kleines Licht schimmern und stellte zu seinem Erstaunen fest, dass es von einer Fee kam, die sich irgendwie in den Zweigen verfangen hatte. Der König war hellauf begeistert, denn er wusste, dass man eine Fee bitten kann, einen Wunsch zu erfüllen, wenn man sie einfängt. Vorsichtig befreite er sie aus dem Strauch und hielt sie dann sanft, aber sicher in seiner Hand fest. „Lass mich los!", rief die Fee. „Natürlich", sagte der König, „aber vorher mach meine Nase kürzer." „Gut", sagte die Fee und berührte die Nase des Königs mit einem Zauberstab. Es gab einen lauten Knall, ein Wölkchen aus farbigem Rauch, und da stand der König. Seine Nase war etwas kleiner geworden, aber er selbst auch! Er hatte sich in einen hässlichen

Zwerg verwandelt. Er sah sich verzweifelt nach der Fee um, aber sie war nicht mehr zu sehen – nur das Geräusch ihres mutwilligen Lachens verklang in der Nacht. Niemand würde ihm glauben, wenn er sagte, er wäre der König – sogar sein Pferd rannte weg, als er sich ihm näherte. Also wanderte er traurig davon und fand schließlich eine Höhle, in der er wohnen konnte. Seine Nahrung verschaffte er sich, indem er einen Bogen anfertigte und wilde Tiere erlegte. Die Zeit verging, und nur wenig änderte sich. Eines Morgens hörte der König jemanden um Hilfe rufen. Er rannte aus seiner Höhle und erblickte eine wunderschöne Prinzessin. Sie war von ihrem Pferd abgeworfen worden und wurde jetzt von einem gewaltigen Bären bedroht. Er legte einen Pfeil auf seinen Bogen, zielte und tötete den Bären. Dann rannte er zu der Prinzessin und half ihr auf. Sie war so schön, dass er sich augenblicklich in sie verliebte, aber sie war ihm nicht im mindesten dankbar dafür, dass

er ihr das Leben gerettet hatte. „Du bist ein hässliches Geschöpf", sagte sie. „Aber du darfst mich begleiten. Vielleicht bist du zu irgendetwas nutze."

Also begleitete der zwergenhafte König die schöne Prinzessin, und es dauerte nicht lange bis er bewies, dass er zu etwas nutze war. Sie befanden sich tief im Herzen des dunklen Waldes, als sie von einer Horde böser Kobolde überfallen wurden, die offensichtlich die Prinzessin entführen wollten. Aber der König ging mit einem großen Stock auf die Gegner los, und nach einem langen Kampf gelang es ihm schließlich, sie zu vertreiben. Man hätte meinen sollen, das hätte das Herz der Prinzessin erweicht, aber nein: Als sie ihn anschaute, sah sie nichts als einen hässlichen Zwerg. Doch er hatte sein Herz an ihre Schönheit verloren, also trottete er auch weiterhin neben ihrem Pferd her.

Endlich hatten der König und die Prinzessin den Wald durchquert, und sie setzten ihre Reise auf einer Landstraße fort. Diese Straße führte schließlich zu einer Brücke, die von einem entsetzlichen Troll bewacht wurde. „Ich muss auf die andere Seite", sagte die Prinzessin. „Mein Palast steht dort drüben auf dem Gipfel

des Berges." Aber der Troll wollte sie nicht vorbeilassen. „Überlass ihn mir", sagte der König. Er begann, das entsetzliche Geschöpf zu verspotten, schnitt Grimassen und beschimpfte ihn. „Dickschädel, Spatzenhirn – mich fängst du nicht!" Da wollte der Troll sich auf ihn stürzen, aber der König rannte wie ein Wirbelwind ständig im Kreis herum, sodass der Troll, als er ihn endlich fing, so schwindlig war, dass er kaum aufrecht stehen konnte. Er torkelte herum – einen Schritt vor, zwei Schritte zurück. Dann balancierte er einen Moment am Rand der Klippe und stürzte, immer noch den König festhaltend, in die Tiefe.

Man hätte meinen sollen, das wäre das Ende der beiden gewesen, aber nein! Der Troll starb zwar bei dem Sturz, aber der König landete auf dessen weichem Bauch, prallte ab, schlug mit dem Kopf gegen einen Felsbrocken und lag dann benommen (aber nicht tot) auf der Erde. Und was die schöne Prinzessin anging – sie ritt über die Brücke und verschwendete keinen Gedanken an die beiden!

Aber damit ist die Geschichte noch nicht zu Ende. Der König wurde von einem Bauernmädchen gefunden, das unterwegs war, um Feuerholz zu sammeln. Das Mädchen war nicht sonderlich hübsch. Um ehrlich zu sein – es hatte eine ziemlich lange Nase. Aber es hatte ein gutes Herz, und als es den armen Zwerg sah, hielt es ihn für tot und begann zu weinen. Die Tränen quollen aus ihrem reinen Herzen heraus, und als die erste davon auf den Zwerg fiel, spülte sie den Zauber der Fee hinweg, und der König war wieder er selbst.

Der König vergaß die schöne Prinzessin und verliebte sich in das Bauernmädchen. Sie kehrten zusammen in sein Schloss zurück, und wenig später heirateten sie. Nach der Hochzeitszeremonie fuhren sie in einer goldenen Kutsche durch die Stadt. Alle Leute jubelten ihnen zu; sie winkten zurück und waren glücklich, und keinem Menschen fielen ihre langen Nasen auf.

Der Zauberspielzeugladen

Peter war, wenn seine Eltern mit ihm irgendwohin gingen, ein fürchterlicher Plagegeist! „Ich will dies!" und „Ich will das!". Er gab keine Ruhe, bis sie ihm ein Spielzeug oder irgendwelche Süßigkeiten gekauft hatten. Und selbst dann war er nur kurze Zeit zufrieden. Sobald er die Süßigkeiten aufgegessen hatte oder das Spielzeug ihn langweilte, fing alles wieder von vorn an. „Ich will, ich will!" Wenn er nicht bekam, was er wollte, stampfte er mit den Füßen auf, warf sich im Laden auf den Boden und schrie und kreischte in den höchsten Tönen. Es war seinen Eltern sehr peinlich.

Eines Tages erzählte jemand Peter von einem Laden, in dem das ganze Spielzeug Zauberspielzeug sei. „Bieg beim Mond links ab, und dann nach Mitternacht die zweite rechts", sagte man ihm. „Ich will dorthin", sagte Peter. „Ich will in den Zauberspielzeugladen." „So einen Laden gibt es nicht", sagte Peters Vater. „Jemand hat dich an der Nase herumgeführt." „Es gibt ihn doch", schrie Peter. „Es gibt ihn wirklich, und ich will dorthin!"

In dieser Nacht träumte Peter von dem Zauberspielzeugladen, und im Traum brüllte und kreischte er so laut, dass das kleine Volk im Feenland – das nur einen Katzensprung vom Traumland entfernt ist – seinen Wutanfall hörte und beschloss, etwas dagegen zu unternehmen. „Also gut", sagten sie, „wir bringen Peter in den Zauberspielzeugladen." Und das taten sie. Ein paar Feen flogen durchs offene Fenster in Peters Zimmer. Sie zogen ihn am Haar und zwickten ihn in die Nase, um ihn aufzuwecken, und bevor er „Mama!" rufen konnte, beförderten sie ihn hinaus in die Nacht und hinauf zum Sternenhimmel. Peter hatte fürchterliche Höhenangst, und er musste die Augen fest zukneifen, damit ihm nicht schwindlig wurde. Das war ein Jammer, denn das Lichtergefunkel in der Stadt unter ihm war wirklich wunderschön. Aber sie flogen weiter, links am Mond vorbei, der ihnen zuzwinkerte, und in die zweite rechts, als sie hörten, wie eine Kirchturmuhr Mitternacht schlug. Und dann waren sie angekommen – zumindest Peter war angekommen. Er öffnete die Augen, stellte fest, dass die Feen verschwunden waren und er in seinem Schlafanzug ganz allein auf einer schmalen Straße stand, die sich nach oben und von ihm weg wand wie eine weiße Rauchfahne. Auf einem Hügel am Ende der Straße stand ein winziger altmodischer Laden, dessen Fensterscheiben in der Sonne funkelten und über den sich ein Regenbogen spannte. Es war natürlich der Zauberspielzeugladen!

Ein paar Augenblicke später öffnete Peter, vom Bergaufrennen leicht außer Atem, die Ladentür und ging hinein. Die Glocke über der Tür gab ein seltsames Geräusch von sich, das von weit her zu kommen schien, und Peter war, als hätte er eine dunkle Höhle betreten. Aber allmählich gewöhnten sich seine Augen an

die Düsternis, und er konnte sehen, dass er tatsächlich im Zauberspielzeugladen stand. Er hatte keinerlei Ähnlichkeit mit den
Spielzeugabteilungen der Kaufhäuser in der Stadt. Es schien ein
ziemliches Durcheinander zu herrschen, und das Spielzeug sah
irgendwie seltsam aus.

Peter war eine große, hölzerne Arche Noah aufgefallen, und er
wollte gerade nach einem kleinen Löwen greifen, als dieser
plötzlich aufbrüllte, hochsprang und sich hinter einem Glas voller
Murmeln versteckte! „Lebensecht, stimmt's?", sagte eine Stimme.

Peter fuhr herum und entdeckte den Ladenbesitzer. Er war ein Zwerg, nicht größer als Peter selbst, mit einem hochgezwirbelten weißen Schnurrbart und einem Zylinder, auf dessen Krempe ein Zug herumfuhr. „Und was kann ich für dich tun, mein Junge?", fragte er. „Ich will, ich will, ich will!", krähte Peter und schaute sich gierig in dem Laden um. „Überleg dir genau, was du willst", kicherte den Zwerg. „Es könnte sein, dass ich es dir gebe." „Prima!", rief Peter. „Ich will diesen großen Brummkreisel." Der Zwerg lächelte seltsam, nickte und brachte Peter den Brummkreisel. Es war einer dieser altmodischen Kreisel aus leuchtend bunt bemaltem Blech. Peter drückte den Griff herunter, und der Kreisel begann sich zu drehen. Dabei gab er ein gespenstisches Summgeräusch von sich, das Peters Kopf ganz ausfüllte. Die Farben sausten herum, aber allmählich lösten sie sich,

wirbelten von dem Kreisel herunter und um Peters
Kopf herum wie ein Regenbogenstrudel.
„Aufhören!", rief Peter. „Mir ist schlecht! Es soll
aufhören!" Sofort kam der Kreisel zum Stillstand, die
Farben verschwanden und Peter fiel auf den Boden.
„Den Kreisel will ich nicht mehr", knurrte Peter
wütend. „Ich will diese rote Trommel dort drüben."
„Kannst du haben", sagte der Zwerg und stieg auf eine
kleine Leiter, um die Trommel herunterzuholen. „So,
da ist sie." Peter nahm die Trommel ohne ein Wort des
Dankes, streifte den Lederriemen über seinen Kopf,
ergriff die Schlägel und begann zu spielen. BUMM.
BUMM. BUMM. Es hörte sich herrlich an. Er
trommelte lauter – BUMM. BUMM. BUMM. Aber
etwas stimmte nicht. Er konnte nicht aufhören. Die
Schlägel wurden immer schneller, und er konnte sie
nicht weglegen. BUMM, BUMM, BUMM. Es hörte
sich an wie Donner. „Aufhören!", brüllte Peter.
„Ich will, dass sie aufhören!" Der Zwerg lächelte,
hob die Hand und die Schlägel hörten auf zu
trommeln. „Gibt es sonst noch etwas, was du
haben möchtest?" „Ja. Ich will dieses große
Schaukelpferd", antwortete Peter mürrisch.
„Es gehört dir", sagte der Zwerg.
Peter kletterte auf das Pferd und
begann zu schaukeln.
Eine Zeit lang machte es
Spaß, aber das Schaukelpferd
war wie alles in dem
Laden ein Zauber-
spielzeug.
Plötzlich hob es
seinen Holzkopf,
wieherte, sprang von

seinen Kufen und rannte aus dem Laden heraus. Es galoppierte immer wieder um den Hügel herum, wobei es bockte und stieg wie ein Wildpferd. Dann flog es in den blauen Himmel hinauf bis weit über den Regenbogen. „Hol mich herunter!", schrie Peter, der sich festhielt, so gut er nur konnte. „Ich will, dass es aufhört!" Der Zwerg pfiff, und das Zauberpferd flog hinunter, trabte in den Laden zurück, sprang wieder auf seine Kufen und sah aus wie ein ganz normales Schaukelpferd.

„So, ich habe dir alles gegeben, was du haben wolltest", sagte der Zwerg. „Hast du sonst noch Wünsche?" „Ja", sagte Peter. „Ich will – ich will nach Hause." „Kein Problem", sagte der Zwerg. Er klatschte dreimal in die Hände und es ertönte ein Geräusch wie das Summen von Bienen. Es waren die Feen. Sie flogen in den Spielzeugladen, packten Peter und trugen ihn davon. Da war die Kirchturmuhr, die immer noch Mitternacht schlug, da war der alte gelbe, zwinkernde Mond, da war das Fenster von Peters Zimmer, und schon lag er wieder im Bett, fest schlafend und träumend.

Am nächsten Morgen nahmen ihn seine Eltern zum Einkaufen mit. Sie wunderten sich sehr. Peter verlangte weder Süßigkeiten noch Spielzeug. Peters Vater war darüber so erfreut, dass er verschwand und ihm ein Geschenk kaufte. Als sie zu Hause waren, gab er es Peter. „Bitte sehr", sagte er. „Manchmal bekommt man etwas, weil man es nicht verlangt hat." Peter packte das Geschenk aus und betrachtete es verblüfft. Es war eine rote Trommel!

Die Elfenkarawane

Ich schlief ein auf grünem Gras.
Da hört ich's wispern, was war das?
Flötenspiel und Glockenklang
tief in meine Träume drang!
Klingen, Singen, Jubilieren –
Elfen, die vorbeimarschieren.
Lauter zarte kleine Geister
tanzen, lachen und sind heiter.
Ich sah sie ziehen – ich glaub es kaum:
War es Wirklichkeit, war es ein Traum?

Tom der Träumer

Träumst du schon wieder?", schimpfte Toms Frau. „Etwas anderes tust du nie. Warum verdienst du nicht ein bisschen Geld? Du weißt doch, dass wir keins haben und unsere Kinder in Lumpen herumlaufen!" Tom seufzte, hörte auf zu träumen und beschäftigte sich wieder mit den Schuhen, an denen er gerade arbeitete. Ein Schuster verdient nicht viel Geld, selbst wenn er von Sonnenaufgang bis Sonnenuntergang arbeitet, und das tat Tom nie. Im Laufe des Tages legte er immer wieder den Hammer beiseite, schaute aus dem Fenster und ließ seine Gedanken über den Berg hinweg wandern. Und dort würde er ein König sein, der von Dienstboten umgeben in einem schönen Palast wohnte, feine Speisen aß und herrliche Kleider trug – und im Handumdrehen war der Tag vorbei und wieder keine Arbeit getan.

Eines Tages, als Tom seine Schusterwerkstatt zu eng wurde, machte er einen Spaziergang über die Felder und ließ sich schließlich auf einem kleinen grünen Hügel nieder. Er hatte noch nicht lange dort gesessen, als ein seltsamer kleiner Mann auftauchte. „Hallo, Tom der Träumer", sagte er. Tom hatte keine Ahnung, woher der Mann seinen Namen kannte, denn er hatte ihn noch nie zuvor gesehen. „Was ist es für ein Gefühl, wenn man auf einem Vermögen sitzt?" „Was willst damit sagen?", fragte Tom. „Weißt du nicht, dass du auf einem Elfenhügel sitzt?", erwiderte der kleine Mann. „Und ein Elfenhügel ist voller Elfengold." Tom dankte dem kleinen Mann und rannte nach Hause, um einen Spaten zu holen. Bald war er

wieder bei dem Hügel angelangt und grub, so schnell er konnte. „Ich werde reich sein", sagte sich Tom. „Und dann werden all meine Träume wahr." Aber Graben war schwere Arbeit, und nach einer Weile wurde er müde, legte sich zum Ausruhen ins Gras und schlief ein.

Der Nachmittag verging. Die Sonne versank hinter dem Hügel und der Vollmond nahm ihren Platz am Himmel ein. Tom schlief immer noch. Aber als die Uhr der Dorfkirche Mitternacht schlug, passierte etwas. In der Flanke des kleinen grünen Hügels öffnete sich eine Tür, und eine Schar Elfen strömte heraus. Sie warfen etwas Elfenstaub auf Tom, der dadurch so leicht wie eine Feder wurde, und dann trugen sie ihn, der immer noch schlief, in den Hügel hinein. Die Tür schloss sich, und es herrschte wieder Stille. Als Tom im Elfenland aufwachte, war er außer sich vor Angst, aber er hätte sich keine Sorgen zu machen brauchen, denn die Elfen hatten nicht vor, ihm etwas zu tun. Im Gegenteil, sie liebten die Gesellschaft von Menschen, und Tom wurde wie ein König behandelt, sogar vom König der Elfen. Er bekam herrlichen Wein zu trinken und das Essen schmeckte, als wäre es nicht von dieser Welt, was es natürlich war! Er wurde mit wunderschöner Elfenmusik unterhalten und fühlte sich wie im siebenten Himmel. Es war besser als jeder Tagtraum, den Tom je geträumt hatte, und es war wirklich! Aber schließlich vermisste Tom seine Frau und seine Kinder und sagte dem König, dass er gern nach Hause zurückkehren würde. Da zeigten sich die Elfen von ihrer anderen Seite. „Nach Hause zurückkehren? Niemals!", rief der König. „Du musst für ewig und drei Tage im Elfenland bleiben." „Das ist eine sehr lange Zeit", sagte Tom. „Bitte, lasst mich gehen. Ich tue alles, was ihr verlangt." „Also gut", sagte der König. „Du kannst nach Hause zurückkehren, Schuster, aber zuerst musst du für jede Elfe im Elfenland ein Paar Schuhe anfertigen." Der König wusste natürlich, dass das eine fast endlose Arbeit war. Im Elfenland gibt es so viele Elfen wie Sterne am Himmel. Aber Tom hatte keine andere Wahl. Er wurde in ein Zimmer mit Leder und Stoff, Nadeln und Faden gebracht und machte sich an die Arbeit. Die Schuhe waren winzig und schwer anzufertigen, und bald wurde Tom müde und begann natürlich wieder zu träumen. Aber diesmal träumte er nicht, er wäre ein König – davon hatte er die Nase voll. Jetzt träumte er von seinem Zuhause, seiner Frau und seinen Kindern.

Tom hatte das Gefühl, dass er nie wieder frei sein würde. Aber eines Tages, als er von seiner Arbeit aufschaute, stand der kleine Mann vor ihm, den er auf dem Hügel getroffen hatte. „Keine Sorge, Tom", sagte er. „Nimm dieses Leder und mach dem Elfenkönig die schönsten Schuhe, die du je in deinem Leben gemacht hast.

Und wenn er sie an den Füßen hat, sagst du diesen Zauberspruch:
Zwickt, zwickt, ihr Winzlingsschuhe,
zwickt schwarz und blau seine Zehen
und lasst ihn tanzen ohne Ruhe,
lasst ihn hüpfen, jammern und flehen."

Tom befolgte den Rat des kleinen Mannes. Er stach und nähte und stach und nähte und fertigte ein Paar Schuhe an, wie du noch nie eines gesehen hast. „Sie sind herrlich", sagte der Elfenkönig. „Ich will sie gleich anprobieren." Er schob seine winzigen Füße hinein und stolzierte in ihnen herum wie ein kleiner Pfau. Dann sagte Tom den Zauberspruch:

„Zwickt, zwickt, ihr Winzlingsschuhe,
zwickt schwarz und blau seine Zehen
und lasst ihn tanzen ohne Ruhe,
lasst ihn hüpfen, jammern und flehen."
Sofort sprang der König in die Luft. „Hilfe!", rief er. „Diese Schuhe zwicken meine Zehen. Hilfe! Hilfe! Zieht sie mir aus!" Die anderen Elfen eilten herbei, aber sie kamen nicht an den König heran, der nicht aufhören konnte herumzutanzen. „Hilfe! Hilfe! Befrei mich von diesen Schuhen, Schuster. Ich gebe dir alles, was du willst", heulte er. „Befrei mich von diesen Schuhen. Aua! Aua!" „Also gut", sagte Tom. „Gib mir eine Truhe

voller Gold." Eine Gruppe von Elfen rannte davon und kehrte im Handumdrehen mit einer Truhe voller Goldstücke zurück. „Und jetzt versprich mir, dass du mich nach Hause zurückkehren lässt", sagte Tom. „Ich verspreche es! Ich verspreche es!", rief der König. Daraufhin schnippte Tom mit den Fingern, und die Schuhe fielen dem König von den Füßen, als wären sie drei Nummern zu groß.

Elfen brechen nie ihre Versprechen – wenn sie es tun, dann verschwinden sie. Also hielt der König das Versprechen, das er gegeben hatte: Tom durfte das Elfenland mit seiner Truhe voller Goldstücke verlassen.

Jetzt war Tom wohlhabend. Nicht so wohlhabend, dass er wie ein König leben konnte, aber das wollte er auch nicht mehr. Seine Kinder waren gut gckleidet und liefen nicht mehr in Lumpen herum, und seine Frau war glücklich, sogar wenn er gelegentlich immer noch ins Träumen geriet. Aber wovon er träumte, das weiß niemand.

HOHE GESCHICHTEN

Über Riesen

Von John Patience

Die streitsüchtigen Riesen oder ein Schweineprinz

Ein Bauer war mit seinem Karren auf dem Heimweg vom Markt, mit einem Schwein, das er nicht hatte verkaufen können. Was sollte er seiner Frau sagen? Sie hatten kein Geld mehr – der Verkauf des Schweins war ihre einzige Hoffnung gewesen, den bevorstehenden Winter zu überleben. Dass es ihm nicht gelungen war, das Schwein zu verkaufen, war kein Wunder – es war ein überaus erbärmliches Tier, nichts als Haut und Knochen.

Als der Bauer die Straße entlangfuhr, kam er am Eingang zu einer Höhle vorbei und hörte einen fürchterlichen Streit. Die Stimmen klangen wie Donnergrollen und konnten nur zwei Riesen gehören. Natürlich hatte der Bauer fürchterliche Angst, aber ihm kam der Gedanke, dass die Riesen ihm vielleicht sein Schwein abkaufen würden. Was hatte er schon zu verlieren, wenn er sie fragte – schlimmstenfalls sein Leben. Und was war das schon für ein Leben auf seinem jämmerlichen kleinen Hof? Also nahm der Bauer, der übrigens Olaf hieß, seinen ganzen Mut zusammen, stieg von seinem Karren, nahm das Schwein an die Leine und betrat nervös die Höhle.

Die beiden Riesen, die Brüder waren und Rumpel und Pumpel hießen, hörten auf zu streiten und betrachteten den Bauern misstrauisch. „Was willst du?", knurrte Rumpel. „Und was ist das für ein Ding, das du da bei dir hast?", dröhnte Pumpel. „Ich bin nur ein armer Bauer", antwortete Olaf und nahm den Hut ab. „Und mir gehört dieses Ding. Es ist ein Schwein – ein herrliches Tier, findet ihr nicht auch? Und ich habe mich gefragt, ob einer von euch beiden großen Herrn es mir vielleicht abkaufen würde." Rumpel und Pumpel lachten, dass fast die Höhle einstürzte. „Es dir abkaufen?", dröhnte Rumpel. „Wir kaufen keine Sachen, wir nehmen sie uns einfach! Und wer will uns daran hindern, dass wir uns dieses Schwein einfach nehmen? Du vielleicht?" „Da hast du Recht", sagte Olaf, dem klar wurde, dass er sich in einer schwierigen Lage befand. „Es kaufen? Habe ich das gesagt? So etwas Dummes! Es ist ein Geschenk. Nehmt es an, bitte." Aber noch während der Bauer redete, kam ihm ein Gedanke. „Aber es ist

kein gewöhnliches Schwein", fuhr er fort. „In Wirklichkeit ist es ein Schweineprinz, und ich will nicht, dass es von jedem beliebigen Riesen verzehrt wird. Ich finde, der Stärkere von euch beiden sollte es bekommen." „Das hört sich vernünftig an", sagte Rumpel. „Das bin ich." „Nein, bist du nicht!", knurrte Pumpel. „Ich bin der Stärkere!", erklärte Rumpel. „Das werden wir ja sehen!", brüllte Pumpel und machte sich bereit, mit seinen Bruder zu kämpfen. „Immer mit der Ruhe", sagte Olaf. „Vielleicht könnten wir die Sache mit einem Wettkampf entscheiden." „Gute Idee", sagte Rumpel. „Einverstanden", sagte Pumpel. „Ich werde sowieso gewinnen."

„Stell mir eine Aufgabe. Ich kann alles, was du dir ausdenken kannst", prahlte Rumpel und ließ seine gewaltigen Muskeln spielen. „Also gut", sagte der Bauer. „Siehst du den Wald dort drüben? Glaubst du, dass du ihn roden könntest?" „Ein Kinderspiel", erklärte Rumpel, und so sah es auch aus. Er riss die Bäume einen nach dem anderen mit den bloßen Händen aus der Erde und warf sie hoch über den Berg. „Nun, wie findest du das?" „Ganz großartig", sagte der Bauer. „Also gehört das Schwein mir", sagte der Riese. „Nach dieser Schwerarbeit kann ich einen Happen Essen gebrauchen."

„Einen Moment", knurrte Pumpel. „Ich war noch nicht an der Reihe. Stell mir auch

eine Aufgabe, Bauer. Ich bin zehnmal besser als mein schwächlicher Bruder." Der schlaue alte Bauer rieb sich das Kinn und kratzte sich am Kopf, und schließlich sagte er. „Wahrscheinlich schaffst du es nicht, dort, wo dein Bruder die Bäume herausgerissen hat, einen Palast zu bauen. Oder etwa doch?"

„Und ob ich das kann!", prahlte Pumpel. „Und zwar im Handumdrehen." Und dann beobachtete der Bauer voller Staunen, wie sich der Riese ans Werk machte, und ob du es glaubst oder nicht – in Windeseile hatte er den prächtigsten Palast auf Erden gebaut. „Da hast du ihn", sagte er und wischte sich den Staub von den Händen. „Eine Kleinigkeit. Das Schwein gehört mir." „Tut es nicht", brüllte sein

Bruder. „Es gehört mir! Ich bin der Stärkere!" „Einbildung!", höhnte
Pumpel. „Du bist ein Schwächling." „Das wird sich zeigen", donnerte
Rumpel. Und in der nächsten Sekunde war zwischen den beiden
gewaltigen Geschöpfen ein fürchterlicher Kampf ausgebrochen.

Dieser Kampf dauerte den ganzen Tag. Zuerst gewann der eine
die Oberhand, dann der andere, bis schließlich, als die Nacht herein-
brach, Rumpel eindeutig im Vorteil war. Er hob Pumpel hoch und warf
ihn mit aller Kraft in die Luft. Aber Pumpel war so schnell wie ein
Blitz, und er schaffte es, seinen Bruder beim Bart zu packen und mit
sich zu ziehen. Also flogen sie beide davon, hoch hinauf, dem Sternenhimmel entgegen, immer höher und über den Mond hinaus. Wo sie
schließlich landeten, weiß ich nicht, denn sie wurden nie wieder
gesehen.

Was den schlauen Bauern angeht, so kehrte er in die Höhle der
Riesen zurück, wo er Gold, Silber und Edelsteine fand, die er prompt

auf seinen Karren lud. Er setzte den Schweineprinzen oben drauf und fuhr davon, die gewundene Straße entlang und über den Berg, und endlich war er zu Hause angekommen. Seine liebe Frau stand neben dem, was von ihrem Haus noch übrig war. Ein Baum, der, wie seine Frau ihm versicherte, vom Himmel gefallen war, hatte es völlig plattgedrückt.

Nun, den Bauern kümmerte sein zerstörtes Haus wenig. Er und seine Frau zogen in den herrlichen Palast, dessen Bau er dem Riesen Pumpel abgeluchst hatte. Und mit dem Schatz der Riesen konnten sie bis ans Ende ihrer Tage in Wohlstand leben. „Aber was ist aus dem Schweineprinzen geworden?", wirst du vielleicht fragen. Das Schwein war nun tatsächlich ein Prinz, denn Olaf kaufte ihm eine echte Krone und einen Hermelinmantel und fütterte es mit Unmengen von guten Dingen, so dass es schließlich dick und rund wurde!

Wenn Riesen niesen

Wenn Riesen husten und niesen
und glauben krank zu sein,
dann bleiben sie besser zu Hause
und heizen kräftig ein.
Denn ihr Niesen und Husten
kann Bäume umpusten
und wie Stürme so fürchterlich sein!

Der Riese, der nicht schlafen konnte

Es war einmal ein Dorf, in dem die Leute, wenn es dunkel wurde, Angst hatten und sich in ihren Häusern versteckten, Türen und Fenster verriegelten und sich unter ihren Betten verkrochen. Für dieses merkwürdige Verhalten gab es einen guten Grund, denn jeden Abend stapfte ein gewaltiger Riese vom Berg herunter und wanderte im Dorf umher. Er trug eine mächtige Keule auf der Schulter, und seine finstere Miene war schrecklich. „Er sucht nach jemandem, den er zum Abendessen verspeisen kann", flüsterten Mütter ihren Kindern zu. „Seid ganz still, wenn er vorbeigeht."

Das passierte jeden Abend, aber eines Abends war es anders. Als der Riese in den menschenleeren Straßen herumwanderte, entdeckte er einen kleinen Jungen, der auf einem Baum saß. Er war hinaufgeklettert, um sein Flugzeug zu holen, das sich in den Ästen verhakt hatte, und jetzt kam er nicht wieder herunter. Der kleine Junge, der Klaus hieß, zitterte vor Angst, als er den Riesen auf sich zukommen sah. Er hielt sich die Augen zu, blinzelte aber zwischen den Fingern hindurch und sah, wie der Riese eine seiner gewaltigen Hände nach ihm ausstreckte. Dann spürte er zu seiner großen Überraschung, wie er ganz sanft von dem Baum heruntergehoben und auf die Erde gesetzt wurde.‹

„Wirst du – wirst du mich jetzt aufessen?", stammelte Klaus. „Natürlich nicht", brummte der Riese. „Ich esse überhaupt kein Fleisch, und außerdem scheinst du ein netter kleiner Junge zu sein. Vielleicht können wir Freunde werden. Und hier ist dein Flugzeug." Der Riese machte behutsam das Flugzeug frei und ließ es zu dem kleinen Jungen hinuntergleiten.

„Alle Leute behaupten, du wärest gefährlich", sagte der kleine Junge und blickte mit vor Staunen weit aufgerissenen Augen zu dem Riesen auf. „Aber das bist du gar nicht, stimmt's?" „Natürlich nicht", sagte der Riese beinahe beleidigt. „Und warum wanderst du dann jede Nacht durchs Dorf?" „Ich kann nicht schlafen", seufzte der Riese, und dieser Seufzer war so heftig, dass er Klaus fast umgeworfen hätte. „Ich kann kein Auge zutun. Und ich bin so einsam. Deshalb komme ich ins Dorf und suche nach Gesellschaft." „Hast du versucht, Schäfchen zu zählen?" „Ja, das habe ich", sagte der Riese. „Aber Zählen ist nicht meine starke Seite. Ich bin bis sieben gekommen, aber was danach kommt, weiß ich nicht. Ist es neun oder zwölf?" „Vielleicht fünfzehn", meinte Klaus. „Aber ich glaube, ich weiß etwas, das dich einschlafen lässt. Kannst du mich nach Hause bringen? Ich muss etwas holen." „Natürlich", sagte der Riese, und er hob den kleinen Jungen auf, setzte ihn auf seine Schulter und stapfte mit ihm davon.

Die Eltern von Klaus waren überglücklich, ihren Sohn heil und gesund wiederzusehen, aber sie hatten Angst vor seinem neuen Freund, dem Riesen. „Er wird uns bestimmt alle verschlingen", flüsterte seine Mutter. „Unsinn. Er isst überhaupt kein Fleisch", sagte Klaus. Dann rief er über die Schulter: „Lauf nicht weg, Riese. Ich bin gleich wieder da." Er rannte in sein Zimmer, und ein paar Minuten später kehrte er mit einem dicken Buch zurück. „Ich bleibe nicht lange weg", beruhigte er seine Eltern. „Ich begleite meinen Freund nur nach Hause." Die fassungslosen Eltern standen auf der Türschwelle und beobachteten, wie er auf die Schulter des Riesen kletterte. „Auf Wiedersehen!", rief er. „Bis später." Dann stapfte der Riese in den Mondschein hinein, und seine schweren Schritte ließen die Erde unter seinen Füßen erbeben.

Der Riese stieg immer höher auf den Berg hinauf, bis sie das Dorf so weit unter sich gelassen hatten, dass es wie Spielzeug aussah. Endlich waren sie bei einer großen Holztür angekommen, die in den Felsen eingesetzt war. „So, da sind wir", sagte der Riese, öffnete die Tür und trat ein. „Es ist nichts Besonderes, aber es ist mein Zuhause." In Wirklichkeit sah alles recht ordentlich aus und war wesentlich gemütlicher, als man es von der Höhle eines Riesen erwartet hätte.

Klaus trieb den Riesen zur Eile an, und bald kletterte er in sein Bett, das so groß war, dass zwei Elefanten darin hätten schlafen können! „So", sagte er gähnend, „und was passiert jetzt?" „Ganz einfach", sagte Klaus und setzte sich auf den Nachttisch und ins Licht der Kerze. „Ich lese dir eine Gutenachtgeschichte vor. Und du wirst in Nullkommanichts eingeschlafen sein." Und er begann zu lesen. „Es war einmal, vor ganz langer Zeit, da gab es ..." Klaus hatte Recht. Sofort wurden dem Riesen die Lider schwer, und er versank in einen tiefen Schlaf. Klaus schlich leise aus der Höhle und machte sich auf den Heimweg.

Von da an las Klaus dem Riesen jeden Abend etwas vor, und eine Zeit lang ging alles gut. Aber eines Nachts wurden die Menschen im Dorf von einem schrecklichen Schrei aufgeweckt. „Hilfe! Rettet mich! Rettet mich!" Es war die Stimme des Riesen, die

vom Berg herabdröhnte. Klaus zog schnell seinen Morgenrock an, ergriff eine Laterne und stieg den gewundenen Pfad zur Höhle des Riesen hinauf. Dort stellte er fest, dass sich sein Freund unter der Decke verkrochen hatte. „Was ist passiert?“, fragte der kleine Junge. „Es ist das Monster. Es ist gekommen, um mich zu holen“, flüsterte der Riese und lugte vorsichtig unter der Decke hervor. „Unsinn!“, erklärte Klaus. „Es gibt überhaupt keine Monster, du hattest einen bösen Traum.“ Klaus beruhigte seinen Freund, las ihm eine weitere Geschichte vor und kehrte nach Hause zurück. Aber in der nächsten und in der übernächsten Nacht, eine ganze Woche lang, weckte der Riese mit seinem Gebrüll alle Leute auf. Seine bösen Träume waren ein großes Problem!

Niemand wusste, was sie unternehmen sollten, bis Klaus eine weitere gute Idee hatte. Ein riesiger Teddybär! Das war eine Menge Arbeit. Der Bauer brachte einen ganzen Karren voll Wolle zum Ausstopfen. Der Schneider lieferte den flauschigen Stoff, und Klaus’ Mutter und ihre Nachbarinnen arbeiteten, bis ihnen vom Nähen die Finger wehtaten. Als der Teddy dann schließlich fertig war, mussten vier starke Männer Klaus helfen, ihn den Berg hinaufzutragen – für jeden Arm und für jedes Bein einer!

„So, Riese“, sagte Klaus. „Wenn du diesen Teddy mit ins Bett nimmst, wirst du nie wieder einen bösen Traum haben. Das weiß ich genau. Ich nehme meinen

Teddy immer mit ins Bett, und ich habe nie böse Träume. In Teddys steckt nämlich ein Zauber, das hat meine Mutter gesagt." Jetzt war der Riese glücklich. Er nahm seinen Teddy in die Arme, hörte zu, wie Klaus ihm seine Gutenachtgeschichte vorlas und war wenig später fest eingeschlafen. Und es war ein Schlaf ohne Monster!

„So, das wäre erledigt", sagte Klaus, als er sich auf sein eigenes Bett legte. „Jetzt können wir alle gut schlafen." „Ja", sagte seine Mutter, als sie ihn zudeckte. „Es wird sehr friedlich sein." Aber sie hatten sich beide geirrt, denn kaum hatten sie ausgeredet, da dröhnte ein neues Geräusch vom Berg herunter. Es war ohrenbetäubend! Der Riese schnarchte so laut, dass jedes Bett bebte und alle Fensterscheiben im Dorf klirrten. Aber dagegen konnte niemand etwas tun, nicht einmal Klaus. Und von diesem Tag an mussten alle mit Watte in den Ohren ins Bett gehen!

Mein bester Freund

Mein bester Freund ist ein Riese.
Er ist größer als unser Haus,
er ist stärker als ein Elefant
und leiser als eine Maus.
Außer mir kann ihn niemand sehen,
er ist unsichtbar, ihr glaubt es kaum,
er bringt meine Schaukel zum Schwingen
und hilft mir beim Klettern im Baum.
Dann und wann erzählt er Geschichten –
dann sitz ich auf seiner Hand –
von Fabeltieren kann er berichten,
von Festen im Elfenland,
an fernem, verzaubertem Strand.
Doch traurig wird's, wenn es regnet,
dann weint er zuweilen gar sehr,
denn er ist zu groß, um ins Haus zu gehn,
und dann sehen wir uns nicht mehr.

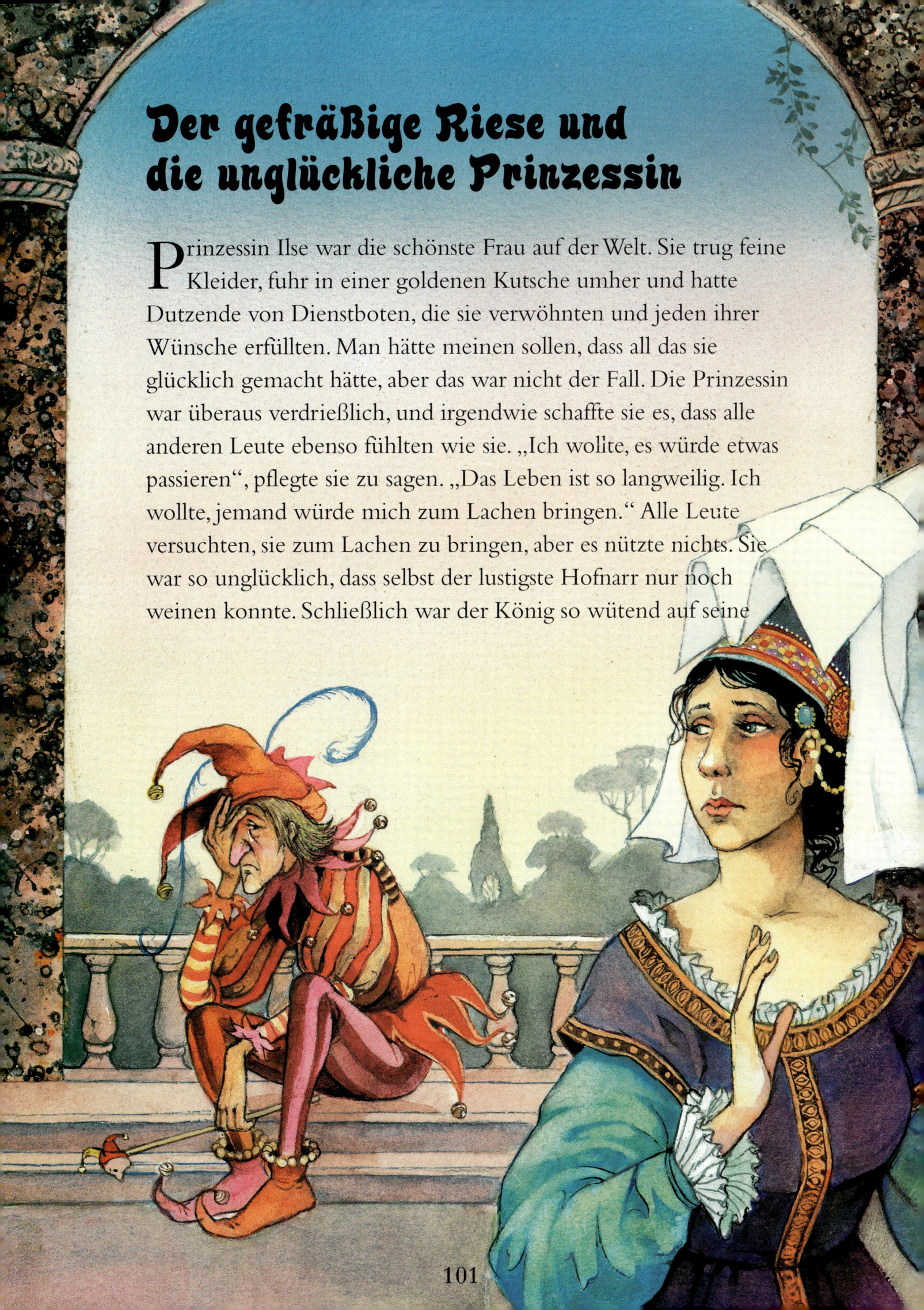

Der gefräßige Riese und die unglückliche Prinzessin

Prinzessin Ilse war die schönste Frau auf der Welt. Sie trug feine Kleider, fuhr in einer goldenen Kutsche umher und hatte Dutzende von Dienstboten, die sie verwöhnten und jeden ihrer Wünsche erfüllten. Man hätte meinen sollen, dass all das sie glücklich gemacht hätte, aber das war nicht der Fall. Die Prinzessin war überaus verdrießlich, und irgendwie schaffte sie es, dass alle anderen Leute ebenso fühlten wie sie. „Ich wollte, es würde etwas passieren", pflegte sie zu sagen. „Das Leben ist so langweilig. Ich wollte, jemand würde mich zum Lachen bringen." Alle Leute versuchten, sie zum Lachen zu bringen, aber es nützte nichts. Sie war so unglücklich, dass selbst der lustigste Hofnarr nur noch weinen konnte. Schließlich war der König so wütend auf seine

Tochter, dass er beschloss sie loszuwerden, indem er sie mit dem ersten Prinzen verheiratete, der ihr wenigstens ein Lächeln entlocken konnte. Es wurden Boten ausgesandt, die alle Prinzen der Umgebung zu einem großen Festessen einluden, bei dem Ilse ihren Gemahl wählen würde.

Der Tag des Festmahls war gekommen, und die Tische im Speisesaal bogen sich unter der Last der erlesensten Speisen. Aber bevor sie zu essen begannen, wurden die Prinzen, sieben an der Zahl, der Prinzessin Ilse vorgestellt. Unglücklicherweise sah die Prinzessin an diesem Tag besonders hübsch aus, und alle Prinzen verliebten sich auf der Stelle in sie. Aber was sie auch versuchten, sie schafften es nicht, sie zum Lächeln zu bringen, und wurden deshalb abgelehnt. „Sie sind alle so langweilig", seufzte die unglückliche Prinzessin.

In diesem Augenblick hörten sie ein fürchterliches Gebrüll und das Geräusch donnernder Schritte, die immer näher kamen. Die große Tür flog auf, und herein kam der wüsteste Riese, den du je gesehen hast. Er hatte von dem Festmahl erfahren, und er gehörte nicht zu den Leuten, die sich die Gelegenheit zu einer guten Mahlzeit entgehen lassen. Ohne viel Federlesens setzte er sich hin und begann alles zu verschlingen, was

vor ihm lag. Rasch hatte er alles aufgegessen. Dann wischte er sich den Mund mit dem Handrücken ab und brüllte: „Bringt mir mehr Essen, sonst verschlinge ich euch." Seinen riesigen Zähnen nach zu urteilen, wäre das eine Kleinigkeit für ihn gewesen. Die Dienstboten wurden in die Küche geschickt, und die Angst, dass sie selbst die nächste Mahlzeit des Riesen werden könnten, bewirkte, dass sie in Windeseile alles anschleppten, was sie finden konnten. „Ganz nett für den Anfang",

sagte der Riese. Er redete (wie Riesen es oft tun) mit vollem Mund. Der Riese beendete seine Mahlzeit, dann schlief er ein. Als er eine Weile später wieder aufwachte, war auch sein Appetit wieder erwacht. „Bringt mir mehr Essen!", brüllte er, „oder …" „Ich weiß", seufzte der König. „Sonst verschlingst du uns." Aber jetzt war die Vorratskammer des Königs leer, und Essen musste karrenweise aus der Stadt herbeigeschafft werden. Der gefräßige Riese wusste, wo es ihm gut ging, und beschloss, eine Zeit lang im Palast zu bleiben. Die Tage vergingen, und sein Appetit schien immer größer zu werden. Es wurden ihm Käse von der Größe von Mühlsteinen gebracht. Es wurden Brote für ihn gebacken, die so groß waren wie Heuschober, kurzum: Alles Essbare im Umkreis von Meilen wurde zu dem Riesen gebracht. Schließlich war im ganzen Königreich kaum noch ein Krümel Essen vorhanden, und sogar die Mäuse waren am Verhungern und so dünn wie Streichhölzer.

Der König beschloss dass etwas getan werden musste, und so ließ er bekannt geben, dass derjenige, der das Königreich von dem Riesen befreite, Prinzessin Ilse zur Gemahlin bekommen würde, wobei er sie nicht einmal zum Lächeln bringen oder ein Prinz sein musste. Der Prinzessin gefiel diese Vorstellung zwar nicht, aber sie hatte den Riesen ebenso satt wie alle anderen Leute, und deshalb gab sie ihre Zustimmung.

Nun gab es einen Jungen, der in der Küche des Königs arbeitete und seit langem in Ilse verliebt war. Er erkannte sofort, dass dies seine große Chance war. Er versicherte dem König, dass er es schaffen würde, wenn dieser ihm die Zutaten zu einer riesigen Pastete beschaffen könnte. Irgendwie (obwohl, wie ich bereits sagte, im ganzen Land kaum noch etwas Essbares vorhanden war) wurden die Zutaten zu der Pastete herbeigeholt, und der Küchenjunge machte sich an die Arbeit. Er schuftete die ganze Nacht, rührte in einem großen Topf mit klebrigem Sirup herum, rollte einen riesigen Teig aus und buk schließlich die Pastete. Am Morgen schleppte er sein Werk mit Hilfe mehrerer anderer Dienstboten hinauf in den Speisesaal und setzte sie dem Riesen vor.

Dem Riesen fielen fast die gierigen Augen aus dem Kopf, als er die Pastete sah. Er riss den Mund sperrangelweit auf, schlug seine schrecklichen Zähne hinein und begann zu kauen, kauen, kauen. Aber die Pastete musste nicht nur lange gekaut werden, sie war zudem außerordentlich klebrig. So klebrig, dass der Riese verwundert feststellte, dass er die Zähne nicht mehr auseinander brachte, so sehr er sich auch bemühte. Er murmelte und grummelte, verzog das Gesicht in alle nur erdenklichen Fratzen und lief leuchtend rot an. Das war das Komischste, das sie je erlebt hatten, und alle begannen zu lachen. Plötzlich zerriss ein überaus seltsames Geräusch die Luft. Es war grauenhaft! Alle drehten sich um, weil sie wissen wollten, wo dieses Geräusch herkam, und zu ihrer Verblüffung stellten sie fest, dass es die Prinzessin war. Sie lachte, aber was für ein Lachen! Wie konnte eine so schöne Frau so grauenhaft lachen? Ilse lachte, bis ihr die Tränen kamen, sie zeigte mit dem Finger auf den unglücklichen Riesen und rief: „Er ist so komisch. Schaut ihn doch an!" Der Riese bekam die Zähne nicht auseinander, er konnte niemanden verschlingen, und bald war ihm das so peinlich, dass er aus dem Palast hinausstolperte, in die Berge hinaufrannte und nie mehr gesehen wurde.

Und hat der Küchenjunge die schöne Prinzessin Ilse geheiratet? Nein, das tat er nicht. Ihr grässliches Lachen hatte ihn abgestoßen. Es hatte alle abgestoßen. Aber Ilse störte das nicht. „Sie sind ohnehin alle langweilig", erklärte sie. Vielleicht waren sie das tatsächlich. Aber vielleicht auch nicht.

INHALTSVERZEICHNIS